„Schande von Münster"

Die Affäre Weigand

Jürgen Kehrer

„Schande von Münster"

Die Affäre Weigand

Waxmann Münster/New York/
München/Berlin

Die Deutsche Bibliothek – CIP-Einheitsaufnahme

Kehrer, Jürgen:
Schande von Münster – die Affäre Weigand /
Jürgen Kehrer. – Münster ; New York ;
München ; Berlin : Waxmann, 1996
    ISBN 3-89325-469-2

Umschlag: Pleßmann Kommunikationsdesign
Titelbild: Blomerts Leiche wird abtransportiert.
Foto: Hänscheid
Satz: druckreif DTP, Münster
Druck: Druckwerkstatt Hafen GmbH

© 1996 Waxmann Verlag GmbH
Postfach 8603, D-48046 Münster, F. R. G.
Waxmann Publishing Co.
P. O. Box 1318, New York, NY 10028, U. S. A.

Inhalt

Erklärung zum Fall Weigand

Süddeutsche Z.

Oberbürgermeister Dr. Peus in der gestrigen Ratssitzung

Seite 5

Mai 1965

Weigand fand Blomerts Teppich

Dem Angeklagten gelang es, das Verbrennen des Beweisstücks zu verhindern

SPANDAUER VOLKSBLATT

Sonnabend, 6. Februar 1965

Die Schande von Münster

Frank Arnau

20. Jahrgang / Nr. 5681

Durch den erschreckend eisige Kälte ausatmenden, jegliche menschlichen Gefühls entbehrenden Beschluß der Münsteraner Richter, den Dr. Günter Weigand nunmehr nochmals für eine unbestimmte Zeit in eine geschlossene Anstalt einzuweisen.

Jeden
Me...

● Der Fall Blomert-Weigand ist, jeder für sich und beide zusammengenommen, ein weiteres Blatt mit breiten Trauerrändern in der Geschichte der reichlich ramponierten Fehlentscheidungen, Fehlurteile, Verfahrensfehler deutscher

Abendzeitung

Auf der Suche nach der Wahrheit im Irrenhaus gelande'

Samstag/Sonntag, 22./23. August 1964

Der Fall Blomert

Seltsame Vorgänge um den äußerst mysteriösen Tod eines Rechtsanwalts

Die Gerichtsmediziner stellten einen Einschuß an der Oberlinie...

Von unserem Mitarbeiter Frank Arnau

Ein Mann, der den Versuch unternahm, ...
... klären, inder...

Vorwort

Vor genau einem Jahr ist mein Buch »Mord in Münster« erschienen, in dem ich münstersche Kriminalfälle aus fünf Jahrhunderten geschildert habe. Es ist – natürlich regional begrenzt – erstaunlich gut aufgenommen worden. Nun müßte der zweite Band – den Gesetzen des Marktes folgend – eigentlich »Mord in Münster, Teil 2« heißen. Doch dieser Titel verbietet sich aus inhaltlichen Gründen.

Zwar ist »Schande von Münster« durchaus eine Fortsetzung. Wieder geht es um einen historischen Kriminalfall, der in den 60er Jahren dieses Jahrhunderts Münster und die halbe Republik in Aufregung versetzte. Genauer gesagt: um einen Doppel-Fall, den Fall Blomert/Weigand, oder, um noch genauer zu sein: den Todesfall Blomert und die sich anschließende Affäre Weigand. Das eine hat mit dem anderen durchaus zu tun, aber genauso sicher ist, daß ohne die ungewöhnliche Persönlichkeit Günter Weigands, der sich selber Sozialanwalt nannte, kaum jemand von dem Tod des Rechtsanwalts Paul Blomert am 25. August 1961 Notiz genommen hätte, zumindest außerhalb der engen Grenzen Münsters.

Durch Weigand wurde jener Tod zu einem Mysterium, dem überregionale Zeitungen und Zeitschriften lange Artikel widmeten. War es vielleicht nicht der ärztlich erkannte »Unglücksfall« oder der staatlich bescheinigte »Selbstmord«, sondern Mord?

Ohne den Inhalt dieses Buches vorwegzunehmen – unter der Rubrik »Morde in Münster« läßt sich der Todesfall Blomert nicht subsumieren. Das Landgericht Münster hat in einem Mammutprozeß, der von Mai 1965 bis April 1966 dauerte, den (verspäteten) Versuch unternommen, die Todesumstände Paul Blomerts zu klären. Zu einem Ergebnis, das alle Beteiligten überzeugt hätte, kam es dennoch nicht.

Die »Affäre Weigand« umfaßte allerdings wesentlich mehr als einen simplen Kriminalfall. Sie weitete sich aus zu einer Justiz- und Psychiatrie-Affäre. Günter Weigand brachte, willentlich und durch ein unglückliches Naturell getrieben, eine Menge leitender Herren der Domstadt zur Weißglut. Und sie versuchten, sich seiner nach Gutsherrenart zu entledigen – indem sie ihn für »verrückt« erklärten und lebenslänglich in einer psychiatrischen Anstalt verschwinden lassen wollten. Dafür suchten und fanden sie willige Helfer in der Justiz und in der Psychiatrie.

»Schande von Münster« nannte der Journalist und Kriminalschriftsteller Frank Arnau dieses Vorhaben. Daß es scheiterte, dafür sorgten liberale Presseorgane und eine große Zahl engagierter Bürger, die sich für Weigand einsetzten. Auch davon handelt dieses Buch.

Jürgen Kehrer
Münster, im Oktober 1996

Teil I

Der Todesfall Paul Blomert

Tod am Mittag

Der Rechtsanwalt Paul Blomert starb in den Mittagsstunden des 25. August 1961. Sein Tod, der zunächst wenig Aufsehen erregte, sollte Münster in den nächsten Jahren beschäftigen. In einem Mammutprozeß, der sich von Mai 1965 bis April 1966 über 122 Sitzungstage erstreckte, beschäftigte sich das Landgericht Münster mit der Frage, wie der Rechtsanwalt vom Leben zum Tode gekommen war: durch Selbstmord, durch Unfall, durch verunglückte Hilfe, durch Tötung auf Verlangen oder gar durch Mord? Anhaltspunkte und Gründe, zumindest aber ins Kraut schießende Spekulationen, die mal die eine, mal die andere Theorie wahrscheinlicher aussehen ließen, gab es reichlich. Am Ende entschied das Gericht im Namen des Volkes. Und es gab eine Menge Verlierer, wenngleich nur ein einziger Mann, der an diesem Freitag, dem 25. August 1961, nicht in der Nähe des Tatortes war, ja, der den Rechtsanwalt Paul Blomert nicht einmal kannte, ins Gefängnis mußte.

Paul Blomert wurde 1917 auf einem Bauernhof in Nordwalde geboren. Als einziges von elf Geschwistern schaffte der ehemalige Wehrmachtspilot den Weg auf die Universität und in die Elite der münsterschen Gesellschaft. Er galt als kompetent, fleißig und sehr ehrgeizig. Der Rechtsanwalt und Notar Dr. Busso Peus, ehrenamtlich Oberbürgermeister der Stadt

Münster, holte den jungen Rechtsanwalt in seine Kanzlei. Während sich Peus mit der Politik beschäftigte, erledigte Blomert die Arbeit – und erhielt von seinem Seniorpartner ein Drittel des Kanzleiumsatzes. Blomerts Karriere stand nichts mehr im Weg. Er hätte glücklich und zufrieden sein können, doch er war es nicht.

Menschen, die Paul Blomert näher kannten, entdeckten bei ihm ein tief sitzendes Minderwertigkeitsgefühl. Wegen seiner bäuerlichen Herkunft glaubte er, nicht ernst genommen zu werden. Er war launisch, rechthaberisch und extrem mißtrauisch. Um sein vermeintliches gesellschaftliches Manko auszugleichen, legte er sich auch außerberuflich ins Zeug. Er jagte, fischte und amtierte als Vorstandsvorsitzender des feinen *Aero-Clubs*, einer Vereinigung von Hobby-Piloten, die ihr kostspieliges Freizeitvergnügen (in Zeiten, als Golf in Deutschland noch nicht weit verbreitet war) mit dem entsprechenden Renommee verbanden.

Vor allem aber hatte Paul Blomert eine Frau geheiratet, um die ihn die meisten Männer beneideten. Die 1923 in Berlin geborene gelernte Weißnäherin und Kurzwarenverkäuferin Ursula Roth trug den inoffiziellen Titel der »schönsten Frau des Münsterlandes« und den offiziellen einer münsterländischen »Rosenkönigin«. Und Paul war rasend eifersüchtig, woran auch die Geburt von insgesamt drei Söhnen nichts änderte. Nicht selten drohte er seiner lebenslustigen Frau mit Selbstmord, wenn er mal wieder einen Liebhaber entdeckt zu haben glaubte.

Letztes Objekt von Blomerts Verdächtigungen war der Stahlkaufmann Gustav Krabbe. Im Februar 1961 fuhren die Ehepaare Blomert und Krabbe gemeinsam in den Skiurlaub nach Riezlern im Kleinwalsertal. Bereits nach wenigen Tagen kam es zum Krach – Paul fuhr wutentbrannt nach Hause und ließ seine Frau mit den Krabbes zurück.

Ursula Blomert

Für Gustav Krabbe war die Situation brenzlig, schließlich vertrat ihn Paul Blomert als Anwalt. Und dieser hatte vor seiner Abreise die Drohung ausgestoßen, er werde dafür sorgen, daß Krabbe in drei bis vier Jahren wirtschaftlich ruiniert sei, aus seiner bisherigen Anwaltstätigkeit seien ihm die geschäftliche und wirtschaftliche Situation Krabbes genau bekannt.

Noch in Riezlern verfaßte Krabbe ein »Gedächtnisprotokoll«, das die drei Zurückgebliebenen unterschrieben. Die letzten Sätze des »Protokolls« lauten:

»Wegen der Beleidigung gegen meine Frau und mich und der massiven Drohung hinsichtlich meiner wirtschaftlichen Existenz sehe ich mich gezwungen, sofort nach Münster abzureisen, um die notwendigen Vorkehrungen treffen zu können.

Die Unterzeichneten erklären, daß dieses Gedächtnisprotokoll der Wahrheit entspricht. Frau Blomert und Frau Krabbe erklären sich ausdrücklich damit einverstanden, daß Herr Krabbe den Inhalt des Protokolls dazu verwenden kann, ihm geeignet erscheinende und notwendige Maßnahmen zu ergreifen.

Die Eheleute Krabbe erklären sich ebenfalls dazu bereit, dieses Protokoll Frau Blomert auf Wunsch zur Verfügung zu stellen.«

Mit Hilfe des »Protokolls« erreichte Krabbe, daß Blomert der Riezlerner Pensionswirtin einen Entschuldigungsbrief schrieb sowie eine »Widerrufserklärung« unterzeichnete, deren Inhalt einigermaßen paradox wirkt:

»Ich erkläre hierdurch, daß ich zu keiner Zeit der Überzeugung gewesen bin, daß etwa zwischen Herrn Krabbe und meiner Frau ehewidrige Beziehungen bestan-

den haben, und daß insbesondere Frau Krabbe dieses
geduldet hätte.
Äußerungen von mir, die in diesem Zusammenhang
gemacht worden sind und so verstanden worden sind,
bedauere ich.
Ich widerrufe hierdurch.

Paul Blomert

Die Beteiligten verpflichten sich, diese Erklärung nur
ihrem Ehegatten und Herrn Dr. P. zugänglich zu machen.«

Krabbe sprach auch mit Peus über Blomerts Drohungen.
Dem Oberbürgermeister war nicht verborgen geblieben,
daß es in Blomerts Ehe Schwierigkeiten gab. Mehrfach hatte
er seinem Juniorpartner deshalb Vorhaltungen gemacht.

Im August 1961 – Paul Blomert war allein in den Bayerischen Wald gefahren – sagte Peus zu Ulla Blomert:»Frau
Blomert, morgen abend kommt Ihr Mann zurück. Ich erwarte,
daß Ihre Ehe dann wieder in Ordnung ist. Er und ich, wir
müssen hart arbeiten, und das geht nicht, wenn wir ständig
auf einem Pulverfaß leben.«

Am nächsten Tag, so Peus, habe er dasselbe Paul Blomert
gesagt. Vielleicht, räumte Peus vor Gericht ein, habe er
auch ultimativer formuliert:»Ich erwarte, daß die Ehe in Ordnung ist, wenn ich aus dem Urlaub zurückkomme. Andern-
falls müssen wir uns trennen.«

Danach fuhr Peus nach Brixen. Einige Tage später war Paul
Blomert tot.

Paul Blomert

Was geschah am 25. August?

Über den Tagesablauf und die seelische Verfassung von Paul Blomert in den Vormittagsstunden des 25. August 1961 gibt es widersprüchliche Angaben. Auf seine Rechtsanwaltskollegen im Landgericht machte der gebräunt und offensichtlich gut gelaunt aus dem Bayerischen Wald zurückgekehrte Blomert durchaus nicht den Eindruck eines Selbstmörders. Mit Rechtsanwalt Kronemeyer unterhielt er sich gegen 11.30 Uhr über seinen Urlaub. Blomert sagte, er habe sich in den Ferien körperlich und seelisch so gut erholt, daß er »mit den Widrigkeiten des Lebens bestens fertig« werde.

Rechtsanwalt Bartels sah Blomert ebenfalls gegen 11.30 Uhr vor dem Anwaltszimmer des Landgerichts.

Rechtsanwalt Plassmann: »Etwa um 12.40 Uhr habe ich noch auf der Treppe des Gerichts mit Blomert geflaxt. Wir gingen dann etwas später aus dem Gebäude, wo wir uns verabschiedeten.«

Gegen 12.40 Uhr beglückwünschte Blomert seinen Kollegen Gross, dem es gelungen war, im Wiederaufnahmeverfahren einen Freispruch für die wegen Gattenmordes angeklagte Maria Rohrbach zu erwirken.

Rechtsanwalt Schalk sprach zwischen 12.35 und 12.40 Uhr mit Blomert.

Alle Rechtsanwälte beschrieben Blomert als »gut erholt«, »bester Laune«, »tatkräftig« und »aufgeschlossen«.

Auch auf Oberlandesgerichtsrat Obenaus, der an diesem Morgen eine Zivilsache verhandelte, bei der Blomert eine Partei vertrat, machte er »einen außerordentlich aufgeschlossenen Eindruck – gelöst und heiter«.

Und Justizwachtmeister van Koll, der den Eingang des Landgerichts bewachte: »Um 13 Uhr herum verließ Rechtsanwalt Blomert das Gericht.«

Dagegen sagte Blomerts Sekretärin Ulrike Nordstern, Blomert habe sie kurz nach 12 Uhr in sein Büro (am Hindenburgplatz) gerufen und ihr einen Schriftsatz diktiert. Er sei nicht nervös oder erregt gewesen, als er nach dem Diktat zu seiner Wohnung (die sich über der Praxis befand) hinaufgestiegen sei.

Auch die Anwaltsgehilfin Antonia Heidtmann bekundete, daß Blomert »kurz vor 12.30 Uhr aus der Praxis nach oben in seine Wohnung ging«.

Und Blomerts Schwager Bauer erinnerte sich, daß sich Paul Blomert in der Wohnung befand, als er diese gegen 12.30 Uhr betrat.

Lassen sich die Zeitangaben durch die Möglichkeit in Einklang bringen, daß Blomert zwischen seiner Praxis und dem nur dreihundert Meter entfernten Gerichtsgebäude mehrfach hin- und hergegangen ist, so fällt eine andere Begebenheit aus dem Rahmen. Der Kaufmann Dr. Freiberg, ein früherer Zahnarzt und *Aero-Club*-Kamerad, gab zu Protokoll, daß Blomert ihn gegen 11.15 Uhr angerufen und um ein Gespräch in seiner Kanzlei gebeten habe. Um 12.15 Uhr sei er dort angekommen, und Blomert habe ihm sein Herz über seine Eheschwierigkeiten ausgeschüttet. Dabei habe er auch angekündigt, er werde sich erschießen, am Ende des Gesprächs dann aber versprochen, sich aus Rücksicht auf die Kinder nichts anzutun.

Nach 13 Uhr hörte die Bürogehilfin Gerda Wiehoff »ein Geräusch in der Wohnung Blomert, und zwar aus dem Wohnzimmer, das sich wie ein schwerer Fall anhörte«.

Und Antonia Heidtmann hörte aus der Blomertschen Wohnung »ein starkes Trommeln«: »Ich war über das Trommelgeräusch verärgert und sagte zu meiner Kollegin noch, ‘da haben wir gleich die Füße durch die Decke gucken'. Das Geräusch hörte sich an, als ob ein wütendes Kind mit den Füßen auf den Boden stampft.«

Gegen 13 Uhr verließ das Ehepaar Bauer mit seinen beiden älteren, fünf und drei Jahre alten Kindern die Blomertsche Wohnung. Nur der jüngste, der zwei Jahre alte Sohn Markus, blieb in der Wohnung zurück. Die Blomert-Kinder waren überhaupt nicht in Münster.

Schüsse hörten die Angestellten der Anwaltskanzlei nicht. Allerdings kreischte in der Metzgerei nebenan die Knochensäge. Metzger Hessing zersägte, wie jeden Freitag mittag, Großknochen vom Rind auf suppengerechte Markknochenbreite.

Gegen 13.20 Uhr fielen im Schlafzimmer der Blomerts drei Schüsse. Die ersten beiden Kugeln gruben sich in den Deckenputz. Die dritte streifte Paul Blomerts Oberlippe und den linken Nasenflügel, sie trat in Höhe des inneren Augenwinkels in den Schädel ein und vier Zentimeter über der linken Augenbraue wieder aus. Blut, Knochensplitter und Gehirnteilchen spritzten an die Wände. Paul Blomert war schwerverletzt, aber er war noch nicht tot.

Nach Angaben von Ulla Blomert, die sie gegenüber der Kriminalpolizei machte, hatte sich folgendes abgespielt:

»Heute mittag, nach dem Essen gegen 13.20 Uhr, sprach mein Mann wieder von einem Selbstmord. Mir fiel auf, daß er kaum etwas aß. Dann stand er auf, verließ das Wohnzimmer und sagte dabei: 'Lebwohl, bitte sorg' für die Kinder.' Dann ging er nach draußen in den Flur. Ich blieb im Wohnzimmer zurück. Die Worte meines Mannes habe ich nicht für ernst genommen, da er ja solche Redensarten häufiger führte und nie versucht hatte, sich etwas anzutun. Kurze Zeit später hörte ich draußen einen Schuß. Bald darauf fiel ein zweiter Schuß. Ich war der bestimmten Meinung, daß mein Mann nur schoß, um mich irgendwie zu erschrecken und einer von ihm geforderten Scheidung geneigter zu machen. Also gab ich nichts darauf. Gleich nach dem zweiten Schuß wurde auch zum dritten Mal geschossen. Die Schüsse habe ich als 'Angsteinjagen' gewertet. Als es dann aber einige Zeit ruhig blieb, verließ ich das Wohnzimmer und begab mich nach draußen. Bei Betreten unseres Schlafzimmers sah ich im halbabgedunkelten Raum meinen Mann in einer Blutlache liegen. Daraufhin bin ich sofort ans Telefon gestürzt und habe die Familie Krabbe angerufen. Sie erschienen auch sofort. Weiteres hat dann Herr Krabbe veranlaßt, ich konnte einfach nicht mehr. Später habe ich im Wohnzimmer drei Briefe meines Mannes vorgefunden. Sie waren an Dr. Peus, an die Eltern meines Mannes und an mich adressiert.«

Der an Ulla Blomert gerichtete Abschiedsbrief lautete:
»Liebe Ulla
werde glücklich nachdem jetzt Dein Wunsch in Erfüllung gegangen ist und nimm die Gewißheit mit, daß ich nur Dich geliebt habe.
      Lebe wohl
            Dein Paul.«

Später hat Ulla Blomert ihre Aussage mehrfach variiert. Sie gab an, ihr Mann habe sich, ohne etwas zu essen, an den Schreibtisch gesetzt und die Abschiedsbriefe geschrieben. Die Verabschiedung habe nicht im Wohnzimmer, sondern in der Küche stattgefunden. Ihr Mann sei noch einmal aus dem Schlafzimmer zurückgekommen. Auch habe sie nicht zuerst die Krabbes angerufen, sondern versucht, den Hausarzt zu erreichen, der jedoch in Urlaub war.

Gustav Krabbe gab gegenüber der Kriminalpolizei zu Protokoll:

»Ich bin seit Jahren mit der Familie Blomert befreundet. Heute, etwa zwischen 13.25 und 13.35 Uhr bekam ich in meiner Wohnung von Frau Blomert einen Anruf, wonach ihr Mann sich etwas angetan hätte und ich sofort kommen sollte. Ich fuhr daraufhin mit meiner Frau, die von Beruf Ärztin ist, sofort zur Wohnung der Familie Blomert. Hier haben wir kurz mit Frau Blomert gesprochen und wurden von ihr ins Schlafzimmer verwiesen. Ich bin allein ins Schlafzimmer gegangen. Die Vorhänge im Zimmer waren zugezogen. Das Zimmer lag also im Halbdunkel. Ich habe die Vorhänge etwas geöffnet. Dann sah ich, daß auf der Bettumrandung, und zwar mit den Füßen zur Schlafzimmertür und mit dem Kopf fast am Heizungskörper unter dem Fenster, Herr Blomert in einer großen Blutlache lag. Er lag in Rücklage. Zwischen seinen Beinen, mit der Laufmündung zum Kopf, befand sich sein Jagdgewehr. Eine Hand, ich weiß nun nicht genau welche, lag lose um den Gewehrlauf, etwa 10 bis 20 cm von der Mündung entfernt, also oberhalb der Holzteile. Blomert, der ordentlich bekleidet war, bewegte sich auch noch etwas. Er war also noch nicht tot. Dann habe ich meine Frau gerufen, Herrn Tiwisina vom Clemenshospital Münster herbeigebeten und den Krankenwagen verständigt. Dr. Tiwisina erschien auch sofort. Kurz nach dem Eintreffen des Krankenwagens ist Herr Blomert noch in seiner Wohnung verstorben. Der Tod wurde von Herrn Dr. Tiwisina festgestellt.
Ich habe auf Bitten von Herrn Dr. Tiwisina, zumal ich wie Blomert auch alter Jäger bin, das zur Tat benutzte Jagdgewehr an mich genommen und in der Küche entladen. Den Beamten möchte ich neben dem Gewehr

eine Hülse und noch eine Patrone, die sich ebenfalls noch im Gewehr befand, aushändigen. Soweit ich unterrichtet bin, bestanden in der Ehe Blomert seit einigen Monaten ganz erhebliche Spannungen. Blomert selbst hat mir gegenüber verschiedentlich zum Ausdruck gebracht, sich noch das Leben nehmen zu wollen.«

Krabbes Anruf erreichte Dr. Tiwisina, Chefarzt am Clemens-Hospital (das sich damals in der Stadtmitte befand, nur dreihundert Meter von der Blomert-Wohnung entfernt), als er gerade das Krankenhaus verlassen wollte.

Tiwisina fuhr sofort zum Hindenburgplatz: »Ich betrat die Wohnung etwa gegen 13.40 Uhr. Herr Krabbe öffnete die Tür und geleitete mich sofort ins Schlafzimmer. Dort lag Blomert ausgestreckt auf dem Boden vor den Ehebetten, mit dem Kopf in einer Blutlache.« Der schwerverletzte Blomert zeigte nur noch »eine agonale Schnappatmung, der periphere Puls war nicht mehr tastbar und die Pupillen waren weit und reagierten nicht mehr«.

Obwohl die Verletzung aussichtslos erschien, ordnete Tiwisina telefonisch an, daß im Clemens-Hospital sofort alles für eine Hirnoperation vorbereitet werden solle.

Sechs oder sieben Minuten später traf ein Krankenwagen ein. Von den Krankenträgern wurde Blomert auf einer Bahre zum Krankenwagen getragen. Noch im Hausflur stellte Tiwisina fest, daß die Atmung gänzlich aussetzte. Im Krankenwagen ergab dann eine genaue Untersuchung: Paul Blomert war tot.

Statt ins Clemens-Hospital, wurde die Leiche nun ins Institut für Gerichtliche Medizin der Universität Münster gebracht. Und Tiwisina verständigte die Kriminalpolizei. Auf der Todesbescheinigung kreuzte er als Todesart »Unglücksfall« an, als Todesursache »Herzstillstand«, »Kreislaufversagen« und »Atemlähmung«. Das Leiden, welches den Tod unmittelbar herbeigeführt habe, sei eine »penetrierende Schädel-Hirnverletzung« gewesen. Unter der Rubrik »Zustandekommen des Schadens« gab er an: »Offene Hirnverletzung durch direkte Gewalteinwirkung«. Als Unfallkategorie erkannte er »priv. Unfall«.

Später antwortete Dr. Tiwisina auf die Frage, warum er »Unglücksfall« und nicht die, ebenfalls auf der Todesbescheinigung vorhandenen Kästchen »Selbstmord«, »Tötung«, »Verdacht einer strafbaren Handlung« oder »nicht aufgeklärt« angekreuzt habe: »Ich bin als Arzt überfordert, in einem solchen Fall Mord, Selbstmord oder Tötung festzustellen. Für einen Unfallchirurgen ist eine Verletzung ein Unglücksfall. Im übrigen halte ich die Todesbescheinigungen in ihrer jetzigen Form für reformbedürftig.« Nach seinem persönlichen Eindruck sei »Blomert durch eigene Hand zu Tode gekommen«, aber: »Für einen Arzt ist ein Selbstmord ein Unglücksfall, falls er nicht selbst daneben gestanden hat.«

Die Ermittlungen der Polizei

Die Kriminalpolizei hatte zunächst Probleme, den Tatort zu finden. Kriminalkommissar Neumann, Kriminalobermeister Drüggen, Kriminalmeister Stiller und Kraftfahrer Kiessig begaben sich nämlich »sofort zum Hause Hindenburgplatz/Ecke Frauenstraße, der angeblichen Praxis von Herrn Dr. med. Tiwisina. Da hier die Praxisräume von Herrn Dr. Tiwisina nicht gefunden werden konnten, wurde nochmals das Clemenshospital Münster aufgesucht. Hier wurde in Erfahrung gebracht, daß Dr. Tiwisina zu der Familie des Rechtsanwalts Blomert gerufen worden sei und dort auch noch aufhaltsam wäre.«

So trafen die Kriminalbeamten erst gegen 14.40 Uhr in der Blomert-Wohnung ein. Die Leiche von Paul Blomert befand sich zu diesem Zeitpunkt längst im Gerichtsmedizinischen Institut.

Nachdem die Polizisten die Aussagen von Gustav Krabbe und Ulla Blomert aufgenommen hatten, besichtigten sie das Schlafzimmer. Hier stellten sie fest:

»Zwei Einschüsse von etwa 5 bis 6 cm Durchmesser an der Schlafzimmerdecke, und zwar unmittelbar neben der flachen und direkt an der Zimmerdecke befestigten Schlafzimmerbeleuchtung, beide Einschüsse haben den Deckenputz bis zur Betondecke herausgeschlagen; zwei weitere Einschüsse von 4 cm und 2 cm Durchmesser, und zwar ebenfalls unweit der Schlafzimmerbeleuchtung, aber mehr zum Schlafzimmerschrank hin. Bei letzteren Einschüssen ist der Putz nicht bis zur Betondecke herausgeschlagen worden. Zahlreiche feinste Deckenbeschädigungen unweit der letztgenannten Einschüsse, sie erstreckten sich bis zu der dem Fenster gegenüberliegenden Wand (Türseite); zahlreiche feine Gehirnteilchen an der Wandseite neben der Schlafzimmertür.«

Vom Tatort und von der Leiche, die sie im Gerichtsmedizinischen Institut besichtigten, machten die Beamten Fotos. Im Institut erhielten sie von einem Dr. Rohlfing nähere Angaben über den Schußkanal.

Was Dr. Rohlfing ihnen allerdings nicht sagte: Er hatte das Gesicht der Leiche gesäubert, so daß eventuelle Schmauchspuren, die über die Entfernung der Laufmündung vom Gesicht hätten Auskunft geben können (und damit über die Möglichkeit oder Unmöglichkeit eines Selbstmordes), nicht mehr zu erkennen waren.

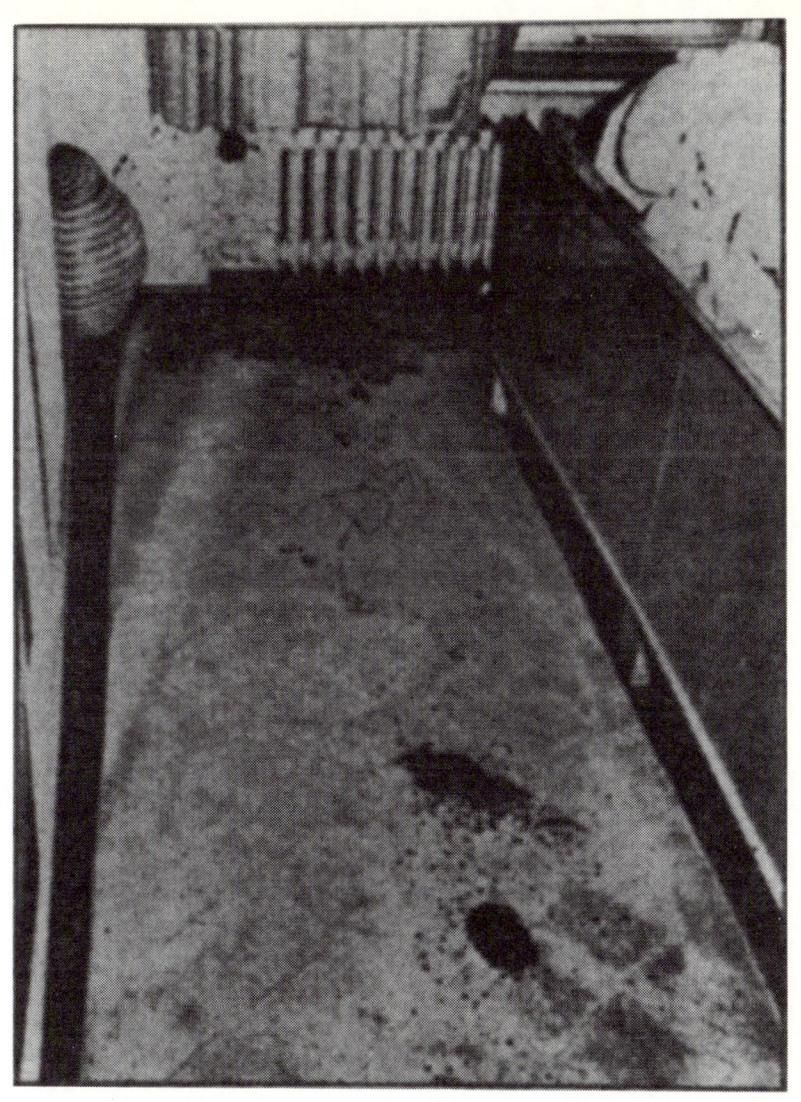

Tatort Schlafzimmer

Ferner stellten die Kripo-Leute sicher:
»1 Jagdgewehr Walther-Hornet, Nr 1260
3 Hülsen
2 Patronen Cal. 22
1 Geldbörse mit 47,55 DM
1 Ehering
1 Herrenuhr (gold)
2 Manschettenknöpfe
3 Füllfederhalter
1 Feuerzeug
1 Schlüssel
1 Schlüsselbund
2 Schachteln Zigaretten, Marke Muratti-Kork (halbgefüllt)
1 Terminkalender«
Ebenso vermerkt das Protokoll: »Während der Ermittlungen (...) waren zeitweilig anwesend: Oberstadtdirektor Austermann und Kriminalrat Gramsch.«

Am selben Nachmittag stellten die Kriminalbeamten ihre Ermittlungen ein. Entgegen der üblichen polizeilichen Praxis
gingen sie einfach davon aus, daß ihnen Gustav Krabbe und
Ulla Blomert die Wahrheit gesagt hatten. Sie machten keinerlei Versuch, durch weitere Beweisaufnahme die Selbstmord-
these zu erhärten oder zu widerlegen. Sie beschäftigten sich
weder mit dem Tagesablauf von Paul Blomert, noch vernah-
men sie die Büroangestellten der Kanzlei Peus/Blomert zu
den merkwürdigen Geräuschen, die diese aus der Wohnung
gehört hatten. Sie interessierten sich nicht einmal für die offensichtlichen Unstimmigkeiten und Widersprüche:
   Wenn die Schüsse tatsächlich um 13.20 Uhr gefallen waren
– wie konnte dann Gustav Krabbe, nachdem er erst telefonisch herbeigerufen werden mußte, bereits um 13.30 Uhr von
der Wohnung Blomert aus Dr. Tiwisina anrufen?

Wenn Paul Blomert dreimal geschossen hatte – wieso gab es dann in der Schlafzimmerdecke vier Einschußlöcher?

Wenn sich ein erfahrener Jäger wie Paul Blomert umbringen wollte – wieso versetzte er sich dann einen derart dilettantischen Streifschuß, der ihn nicht sofort tötete, sondern qualvoll verbluten ließ? Und warum verwendete er dafür eine kleinkalibrige Schonbüchse und nicht das ebenfalls im Schlafzimmer stehende schwere Jagdgewehr?

Zur normalen Polizeiroutine hätte es gehört, Fingerabdrücke zu sichern, die Blutspuren zu untersuchen, die Echtheit der Abschiedsbriefe zu prüfen und, vor allem, eine Obduktion der Leiche anzuordnen. Nichts davon geschah. Was die Beamten dagegen mit dem Ehering, der Herrenuhr (gold), zwei Manschettenknöpfen und zwei Schachteln Zigaretten, Marke Muratti-Kork (halbgefüllt) anzufangen gedachten, wird wohl ewig ihr Geheimnis bleiben.

Die Zurückhaltung der Ermittler hing möglicherweise mit der Anwesenheit einiger hochgestellter Herren zusammen. Nicht nur, daß ihr Vorgesetzter, Kriminalrat Gramsch (der sich gewöhnlich nicht mit Spurensicherung beschäftigte), überraschend schnell am Tatort auftauchte. Auch der höchste kommunale Beamte, Oberstadtdirektor Austermann, hatte sich schleunigst auf den Weg gemacht. Austermann vertrat die Interessen des in Brixen weilenden Oberbürgermeisters Peus, der natürlich jedes Aufsehen vermeiden wollte.

Und schließlich erschien, gegen 16.45 Uhr, Oberstaatsanwalt Duhme. Duhme war von vornherein der Überzeugung, daß es sich um einen klaren Fall von Selbstmord handele. Auf der Treppe hatte er einen Zeugen getroffen, der ihm von den Selbstmordabsichten Blomerts berichtete. Dieser Zeuge war Dr. Hans Freiberg.

Kriminalkommissar Neumann: »Als ich dorthin kam, mußte ich mir doch zunächst einmal ein Bild machen. Und dazu führte ich eine informative Befragung der Anwesenden durch.« Für eine Überprüfung der Angaben sei da noch nicht der richtige Zeitpunkt gewesen. Zunächst seien sie zum Gerichtsmedizinischen Institut gefahren, wo Dr. Rohlfing die Leiche untersucht habe. »Ich nahm an«, so Neumann, »daß die Leiche obduziert würde.« Noch im Institut habe er dann einen Anruf erhalten, der ihn zurück zur Wohnung Blomerts beorderte. Vor der Tür habe er hier Oberstaatsanwalt Duhme getroffen. »Der Oberstaatsanwalt hat mich aufgefordert, meinen Bericht fertigzustellen und ihn am Montag einzureichen.«

Kriminalobermeister Drüggen: »Wir hatten aufgrund unserer Untersuchungen nicht den Eindruck, daß da etwas Tolles passiert war. Was heißen soll: unseres Erachtens saß ein Verbrechen nicht drin.« Er persönlich habe vielmehr den Eindruck eines »verunglückten Selbstmordes« gehabt. Zu weiteren Ermittlungen sei es nicht gekommen, »weil wir uns erst die Leiche angesehen haben, und weil wir dann weitere Maßnahmen nach Lage der Dinge nicht mehr für notwendig gehalten haben.«

Kriminalmeister Stiller: »Normalerweise wäre zwar weiter untersucht worden, aber da keine Anhaltspunkte für fremde Gewalteinwirkung vorhanden waren, sind die Ermittlungen nach dem Bericht an den Oberstaatsanwalt abgeschlossen worden.«

Kriminalrat Gramsch: »Wir haben gesichert, was zu sichern war. Und es gab kein Anzeichen für ein Fremdverschulden. Danach gab es doch nichts, was noch unbedingt hätte gemacht werden müssen.« Im übrigen sei am Spätnachmittag Oberstaatsanwalt Duhme in seinem Büro erschienen und habe gesagt: »Schließen Sie ab und legen Sie mir das Ergebnis vor!« Das habe er als Weisung aufgefaßt. Zumal der Oberstaatsanwalt noch erklärt habe: Es lägen Abschiedsbriefe vor, er habe selbst mit Frau Blomert gesprochen, und drittens sei die Aussage eines Herrn bekannt, daß Blomert in der zurück-liegenden Zeit mit Selbstmord gedroht habe.

Oberstaatsanwalt Duhme: »Wir haben schon eingehend durchgesprochen, was wir ermittelt hatten. Das Resümee war: Unter sämtlichen Beteiligten bestand nicht der geringste Verdacht auf eine strafbare Handlung und daher auch kein Bedenken, den Beerdigungsschein freizugeben. Wenn einer der Herren auch nur den leisesten Zweifel geäußert hätte, dann hätte ich auf keinen Fall gesagt, die Sache könne abge-schlossen werden.« Ganz energisch wolle er sich von der Ver-mutung distanzieren, er habe die Ermittlungen der Kriminal-polizei gestoppt. Wenn er damals der Kriminalpolizei gesagt habe: »Nun schließen Sie ab!«, so sei das nicht als eine Verfü-gung aufzufassen, sondern es habe sich um eine Feststellung gehandelt, die sich aus der einstimmigen Überzeugung zwi-schen ihm und den Herren der Kripo ergeben habe: »Daß es sich hier einwandfrei um Selbstmord handelt.«

Oberstadtdirektor Austermann: »Ich betrachtete es als mei-ne selbstverständliche Pflicht in diesem Fall, der das Ansehen des Trägers des höchsten Ehrenamtes der Stadt berührte, alles zur restlosen Aufklärung sicherzustellen.« Er selbst habe dar-um gebeten, so sorgfältig wie nur möglich zu ermitteln. Wört-lich habe er gesagt: »Ich muß darauf bestehen, daß alles auf-geklärt wird.« Später habe er Oberstaatsanwalt Duhme ange-rufen und ihm gesagt, er bäte darum, daß gerade in diesem Fall die Ermittlungen peinlich genau geführt würden.

Offensichtlich ließen seine Worte den Oberstaatsanwalt kalt. Duhme tat jedenfalls alles, um die Ermittlungen so schnell wie möglich zu beenden. Einen Gefallen hat er damit weder sich selbst, noch Oberbürgermeister Peus und schon gar nicht der Witwe Ulla Blomert getan. Denn die Verdächtigungen, die in den folgenden Monaten laut wurden, und die jahrelangen juristischen Streitigkeiten, die Günter Weigand anzettelte, hätten durch eine sorgfältige polizeiliche Untersuchung der Todesumstände Paul Blomerts vermieden werden können.

Die Verdächtigungen der Verwandten

Die Familie Blomert hatte die schöne Ulla noch nie leiden können. Schon vor der Hochzeit hatte Pauls Vater Franz wohl hundertmal zu seinem Sohn gesagt: »Du kannst die Frau nicht heiraten.«

Von Ehebrüchen der Schwägerin und Schwiegertochter war in Nordwalde die Rede – und in den Monaten vor dem Tod Pauls von einer bevorstehenden Scheidung.

Ulla Blomert ihrerseits verspürte nach dem gewaltsamen Ableben ihres Mannes kein Bedürfnis, die verwandtschaftlichen Beziehungen zu pflegen. Die Nachricht von seinem Tod erreichte die Blomerts eher zufällig. Und als Pauls Bruder Ludger einen Tag später, am Samstag, bei ihr anrief, verwies sie diesen an Gustav Krabbe. Der gebe die nötigen Auskünfte. Auch der an Vater Franz gerichtete Abschiedsbrief wurde mit einiger Verspätung zugestellt. Gustav Krabbe bat den Oberstadtdirektor, den Brief an sich zu nehmen. Austermann weigerte sich zunächst. Einen Tag später wurde ihm der Brief durch Boten zugesandt.

Am Morgen vor der Beerdigung erschienen Vater Franz und einer von Pauls Brüdern beim Oberstadtdirektor, um Aufklärung über die Todesursache zu verlangen. Da lag der Abschiedsbrief in Austermanns Schreibtisch. Aber der Oberstadtdirektor konnte sich nicht dazu durchringen, den Brief zu übergeben. Er bestellte die Angehörigen für den nächsten Tag noch einmal ein. Erst dann händigte er den Brief aus.

Zu diesem Zeitpunkt wurden in Nordwalde bereits die wildesten Gerüchte kolportiert. Schon wenige Stunden nach Pauls Tod hatte Vater Franz gesagt: »Das kann Paul nicht selbst getan haben. Ulla hat ihn umgebracht.« Und auch für Bruder Clemens war von Anfang an klar: »Die haben ihn umgebracht.«

Ein Vorfall am Wochenende vor der Beerdigung schürte das Mißtrauen der Blomerts. Zunächst standen sie am Samstag vor der verschlossenen Sargkammer auf dem Friedhof Lauheide. Ulla Blomert hatte die Anweisung gegeben, niemandem Zutritt zu gewähren.

Am Sonntag dann starteten sie einen zweiten, massiveren Versuch, den Leichnam Pauls zu sehen. Vater Franz drohte dem Friedhofswärter: »Wenn die Tür nicht aufgeschlossen wird, gibt's hier Stücke. Ich will meinen Sohn nochmal sehen.«

Der Wärter zeigte daraufhin auf den Schlüssel und sagte: »Ich gehe weg – was ihr dann macht, ist mir egal.«

Die zwölf Personen starke Gruppe schloß die Sargkammer auf und drängte sich um den Sarg. Was sie hier sah, kam ihr sehr merkwürdig vor: Im Gesicht und am Hinterkopf von Paul klebten mehrere Pflaster.

Bruder Clemens zog noch in der Sargkammer den Schluß, daß es sich um mindestens zwei Einschüsse handeln müsse: »Diese Verletzungen hat er sich niemals selbst beibringen können.«

Bruder Ludger wollte eines der Pflaster lösen, doch Schwager Pennekamp hielt ihn davon ab: »Komm, laß man – ich sehe schon, was da los ist. Ich bin selbst Jäger. Das wird die Kriminalpolizei schon machen.«

Die Kriminalpolizei aber hatte ihre Ermittlungen längst abgeschlossen. Und so weitete sich, kurz nach der Beerdigung, das Mißtrauen der Blomerts auch auf die zuständigen Behörden aus. Gegen die Version vom Unfalltod sprach nach ihrer Meinung, daß Paul Blomert ein »erfahrener Jäger« gewesen war. Und gegen Selbstmord, daß sie ihn als »äußerst lebensfroh« in Erinnerung hatten.

Und dann gab es da noch die angeblich untreue Ehefrau. Ganz Nordwalde wußte, daß sie (damals noch als Verlobte Pauls) einmal nach Juist gefahren war, um dort ihren Chef Josef Kuhlmann zu treffen. Und Clemens Blomert wollte selbst gesehen haben, wie sie mit Gustav Krabbe »geschmust« habe. Dazu paßten die Verdächtigungen, die Paul seinem Bruder erzählt hatte: Mindestens dreißigmal sei er hinter seiner Frau hergegangen und habe beobachtet, wie sie aus der Wohnung Krabbes gekommen sei. Außerdem, so Clemens Blomert: »Wenn Paul mal mit dem Auto fahren wollte, mußte er sie erst um den Schlüssel fragen. Sie war ja dauernd unterwegs.«

Schließlich war den Blomerts nicht entgangen, daß Paul ein halbes Jahr vor seinem Tod seine Lebensversicherung geändert hatte. Nicht mehr die Ehefrau, sondern nur noch seine drei Söhne sollten die 120.000 DM erhalten, die für den Todesfall vorgesehen waren.

Ulla, so die These der Blomerts, habe Paul ermordet oder sei doch zumindest an der Ermordung beteiligt gewesen, weil sie die von Paul angestrebte Scheidung vermeiden wollte.

Wer dafür verantwortlich war, daß das vermeintliche Verbrechen nicht aufgeklärt wurde, wußte die Blomertsippe auch: Dr. Busso Peus, der Oberbürgermeister von Münster. Peus, so hörten die Blomerts in Nordwalde, habe von seinem Urlaubsort Brixen aus angeordnet, daß die Beerdigung um 5.30 Uhr stattfinden solle, so, »wie es sich für einen Selbstmörder geziemt«. (Tatsächlich fand die Beerdigung am 28. August um 11 Uhr statt.)

Peus' Vertuschungsabsicht, vermuteten die Blomerts, liege darin begründet, daß Paul über die unlauteren Geschäfte des Oberbürgermeisters Bescheid gewußt habe. Mehrfach habe er gedroht, »den ganzen schmutzigen Laden hochgehen« zu lassen.

Eine unfreiwillige Bestätigung dieser Anschuldigungen lieferte Peus später, als er zugab, den an ihn gerichteten Abschiedsbrief verbrannt zu haben. Der Brief habe ihn erbittert, begründete er dessen Einäscherung. Und da niemand außer ihm den Brief gelesen hatte, bleibt fraglich, ob tatsächlich nur drin stand, was Peus sinngemäß zitierte: »Nachdem es nun im Zusammenwirken mit Herrn Krabbe soweit ist, mache ich Platz. Ich hoffe, Sie fühlen sich wohl dabei.«

Am 2. September 1961, fünf Tage nach der Beerdigung, stellten die Blomerts zum ersten Mal den Antrag, die Leiche von Paul Blomert möge exhumiert und gerichtsmedizinisch obduziert werden. Der Antrag wurde, wie nicht anders zu erwarten, von der Staatsanwaltschaft Münster abgelehnt.

Selbstmorddrohungen

Was die Blomertsippe nicht wußte oder nicht wissen wollte: Paul Blomert hatte ständig mit Selbstmord gedroht.

Schon der Urlaub von Ulla (damals noch Roth und mit dem Jurastudenten Paul Blomert verlobt) auf der Nordseeinsel Juist im Jahr 1950 endete mit einer solchen Drohung.

Ulla war mit ihrer Freundin bereits seit einer Woche auf Juist, als Josef Kuhlmann, Ingenieur in der Textilfabrik, in der auch Ulla arbeitete, mit seinen Kegelbrüdern ebenfalls nach

Juist reisen wollte. Da bat Paul Blomert das Ehepaar Kuhlmann, ihn zu besuchen. Blomert, so Josef Kuhlmann, habe sich an diesem Abend recht seltsam verhalten. Er verlangte, daß Kuhlmann seine Kegel-Reise verschieben solle. Wenn Ulla nicht an dem Tag zurückkomme, an dem er, Kuhlmann, fahre, dann müsse sie eben drei Tage später zu seiner Beerdigung kommen. (Und Ulla reiste tatsächlich, zwölf Stunden, nachdem der Nordwalder Kegelclub den Inselstrand betreten hatte, nach Nordwalde zurück.)

Berta Schoon, von Dezember 1957 bis April 1961 bei den Blomerts als Hausmädchen beschäftigt, gewöhnte sich schnell an die einschlägigen Bemerkungen ihres Arbeitgebers: »Herr Blomert ist oft zu mir gekommen und hat gesagt, er könne das Leben nicht ertragen, er würde sich eine Kugel durch den Kopf schießen.« An Streitigkeiten zwischen dem Ehepaar Blomert konnte sie sich nicht erinnern, die beiden seien »immer freundlich und nett gewesen«. Bloß manchmal – da habe Paul Blomert stundenlang im Sessel gesessen und vor sich hingestarrt. Und im letzten Vierteljahr, da habe er eine Zeit mal gemeint, seine Frau ginge fremd. »Aber das hat er man auch nur so gesagt ...«

Auch seine Sekretärinnen in der Anwaltskanzlei nervte Paul Blomert mit seinen Selbstmordplänen. Gerda Wiethoff erzählte er, daß seine Frau sich von ihm scheiden lassen wolle und daß man sich eine Kugel in den Kopf schießen solle. »Das mit der Kugel erzählte er gleich zweimal.«

Aero-Club-Kameraden und Freunde von Paul Blomert berichteten Ähnliches. Paul Liesenhoff, ein Prokurist aus Köln, redete dem Rechtsanwalt nach der Silvester-Feier, die zum Jahreswechsel 1960/61 im Hause Krabbe stattfand, akute Selbstmordabsichten aus. Schon den ganzen Abend hatte Blomert durch sein gedrücktes Wesen der Gesellschaft die Stimmung verdorben. Kurz nach Mitternacht griff er dann zum Telefon, verabschiedete sich mit Tränen in den Augen von seinem Sohn und verließ das Haus. Liesenhoff stürzte hinter ihm her und hielt den Wagen an, in dem Blomert davonfahren wollte. Bis morgens um vier Uhr habe er Blomert dann in seiner Wohnung »bekniet«. Bei dieser »Beichte« habe Blomert ihn über alle Schwierigkeiten in der Ehe informiert.

Schließlich kam es, in der Nacht vor Blomerts Tod, zu einem langen Krisengespräch, das bis 2.30 Uhr dauerte. Anwesend waren, außer dem Ehepaar Blomert, Gisela und Rolf Bauer, die Schwester von Ulla und deren Ehemann. Paul, so die Bauers, sei völlig deprimiert gewesen. Seitdem sein Sozius Peus ihm gesagt habe, seine Ehe müsse binnen vier Wochen in Ordnung sein, habe er offensichtlich geglaubt, es gebe keinen Ausweg mehr.

Rolf Bauer: »Paul sagte: Das große Kesseltreiben gegen mich hat eingesetzt. Ich sehe gar keinen Ausweg mehr. Alle sind ja gegen mich.«

Gisela Bauer: »Mein Schwager schien völlig verzweifelt. Er fühlte sich irgendwie in die Enge getrieben. Er war für die ganzen Probleme gar nicht mehr ansprechbar.«

Gegenüber Rolf Bauer wurde Paul Blomert konkreter: »Mein lieber Schwager, du wirst sehen – es dauert keine vier Wochen mehr. Es bleibt mir letzten Endes keine Wahl – ich muß mir eine Kugel durch den Kopf schießen.« Als Bauer in der Nacht das Haus verließ, hatte er trotzdem den Eindruck, daß »beide Teile durchaus noch einmal neu anfangen wollten«.

Bei der kurzen Unterhaltung in der Küche Blomerts am darauffolgenden Mittag, dem Todestag Blomerts, habe Ulla Blomert gesagt: »Laß uns neu anfangen, auch wenn es nicht von heute auf morgen geht.« Doch Paul habe nur gemeint: »Die Kinder sind ja versorgt.«

Wohl als letzte Zeugin, abgesehen von Ulla Blomert, sah Ingelore Dütschke, eine Nachbarin, Blomert lebend. Am 25. August gegen 13.10 Uhr klingelte sie an der Tür der Blomerts, um Ulla ihre neue Frisur zu zeigen. »Frau Blomert bat mich ins Wohnzimmer. Da saß Herr Blomert im Sessel – und er machte einen niedergeschlagenen, richtig deprimierten Eindruck.« Blomert habe sich nicht einmal erhoben, um sie zu begrüßen, obwohl er sonst »immer ein sehr höflicher Mann war«.

Ingelore Dütschke zog sich schleunigst zurück. Ihre letzte Beobachtung: »Herr Blomert nahm eine Mundharmonika und spielte, im Sessel sitzend, die Melodie von 'Ich hatt' einen Kameraden'.«

Auf Anraten des Jesuitenpaters Rigobert Vögele hatten Paul und Ulla Blomert im Frühjahr 1961 den Psychotherapeuten Dr. Trappe aufgesucht, zwecks Therapie ihrer Ehe. Paul gab bereits nach zwei Sitzungen auf, Ulla hielt zehn durch. In einem späteren Gutachten (das dazu beitrug, daß Blomerts Lebensversicherungsverfügung rückgängig gemacht wurde) bescheinigte Trappe Paul Blomert ein »präsuicidales Syndrom« (eine Neigung zum Selbstmord).

Für Ulla Blomert hatte der auslösende Faktor, der den Selbstmord ihres Mannes herbeiführte, auch einen Namen: Dr. Busso Peus, der Oberbürgermeister von Münster.

Die Rolle des Oberbürgermeisters

Der 1908 geborene Busso Peus entstammte einer alteingeses-
senen, gesellschaftlich angesehenen münsterschen Familie,
die bereits in der vierten Generation als Rechtsanwälte und
Notare tätig war.

Obwohl ohne jede kommunalpolitische Erfahrung, wurde
das CDU-Mitglied Peus am 20. November 1952 zum Oberbürgermeister von Münster gewählt. Mit ihm stand, so ein
Kommentar der »Westfälischen Nachrichten«, ein »neuer Re-
präsentant« an der Spitze des Rates, von dem man erwarten
konnte, daß er »Münsters Ruf als Universitäts- und Provin-
zialhauptstadt sowie als Sitz hoher kirchlicher und weltlicher
Behörden erneut« festigen würde.

Wie ernst Peus vor allem die kirchlichen Behörden nahm,
zeigte sich, als er am 4. Mai 1960, anläßlich des Liudger-Festes
auf dem Prinzipalmarkt, vor dem aufgestellten Schrein des
Heiligen das apostolische Glaubensbekenntnis betete. Der
»ehrwürdige Prinzipalmarkt«, schrieb das Bistumsblatt »Kirche und Leben«, »erlebt(e) eine Stunde, die in seine Geschichte eingehen wird«.

Im Stadtrat dagegen wurde Peus mit der Frage konfron-
tiert, ob ein solches religiöses Bekenntnis sich mit seiner »Ei-
genschaft als Oberbürgermeister« vereinbaren lasse.

Peus repräsentierte gern und eloquent, pflegte aber Distanz
zu seiner eigenen Partei. »Die Neigung zur kommunalen
Demokratie im Sinne eines breiten politischen Willens-
bildungs- und Entscheidungsprozesses«, schreibt Karl Teppe
in der »Geschichte der Stadt Münster«, »war nicht besonders
ausgeprägt. Hier wirkten offenbar noch politische Sozialisa-
tionserfahrungen sowie ein Politikverständnis nach, das der

Verwaltungsspitze bzw. einem exklusiven Kreis aus Verwaltung und Politik einen Vorrang gegenüber den Mitwirkungsansprüchen der Repräsentativorgane einräumte.«

Nach der Kommunalwahl im März 1961, bei der die CDU eine absolute Mehrheit erhielt, rieben sich neue, jüngere Fraktionsmitglieder der CDU an dem als autoritär empfundenen Führungsstil von Peus und an der Art und Weise, wie kommunalpolitische Entscheidungen zustande kamen. Das Verhältnis zwischen Peus und einem Teil seiner Fraktion spitzte sich so zu, daß die 1963 fällige Wiederwahl gefährdet schien. Erst als Peus versprach, 1964 endgültig abzutreten, wurde er noch einmal bestätigt.

Bei der Aufstellung der Kandidaten für die Ratswahl 1964 fiel Busso Peus durch. Vor allem der »linke Flügel« der CDU und die Junge Union hatten gegen ihn mobil gemacht. Aus der Sicht des Chefredakteurs der »Westfälischen Nachrichten«, Antonius Eickhoff, handelte es sich um »eine seit langem schwelende Revolte von unten«, die »zum offenen Ausbruch« gekommen sei. Eickhoff fürchtete um das Ende der Honoratiorenherrschaft in Münster: »Es ist doch so, daß Dr. Peus seit Jahr und Tag darum gerungen hat, es möchte sich eine hinreichende Anzahl von Bürgern aus der Kaufmannschaft, aus den geistigen und freien Berufen für ein politisches Mandat im Rat zur Verfügung stellen« und daß »seinen politischen Bestrebungen ein hinreichender Erfolg versagt« geblieben sei (WN vom 30. Juli 1964).

Am 9. Oktober 1964 wählte der Rat den 39jährigen Dr. Albrecht Beckel zum Oberbürgermeister. In seiner Dankesrede brachte Beckel auch eine Spitze gegen seinen Amtsvorgänger unter: »Das Gesamtbild des Rates soll auch in der Öffentlichkeit stärker als die Figur des Oberbürgermeisters in Erscheinung treten.«

Seine Brötchen verdiente der ehrenamtliche Oberbürgermeister Peus mit einer Anwaltskanzlei, in die er den jungen Rechtsanwalt Paul Blomert als Juniorpartner aufgenommen hatte. Nach Ansicht von Ulla Blomert war Paul jedoch niemals mehr als ein »qualifizierter Angestellter« gewesen. Paul habe einfach Komplexe gehabt: Er, der aus einfachen Verhältnissen kam, gemeinsam in einer Sozietät mit einem Mann, der aus einer der ältesten Juristen-Familien Münsters stammte. »Er hatte diese Komplexe selbst dann noch, als er bereits als Anwalt einen Namen hatte.«

Aus den Komplexen seien Eigenheiten geworden: Arbeitswut, Ehrgeiz und auch Geltungsbedürfnis. Er habe immerfort nach Anerkennung gegriffen: »Ich habe es zu etwas gebracht.« In diesem Trend nach oben, der Sucht, Mittelpunkt zu sein, läge eine der Ursachen, daß ihr gemeinsames Leben auseinandergegangen sei. Es gebe einen bezeichnenden Spruch, den Blomerts Mutter geprägt habe: »Der einzige Unterschied zwischen dem lieben Gott und Paul Blomert ist der – der liebe Gott weiß alles, Blomerts Paul weiß alles besser.«

Und dann sei jener Tag gekommen, an dem Dr. Peus die ultimative Forderung erhoben habe: Entweder sei in vier Wochen die Ehe gekittet und alles in Ordnung – oder man müsse sich trennen. Das habe Peus ihr in einem Gespräch unter vier Augen gesagt. Mit dem Zusatz: »Aber sagen Sie das nicht Ihrem Mann!«

Wenige Tage später sei Paul nach oben gekommen und habe erklärt: Peus verlange ..., aber das wisse sie ja selber schon. »Weil ich mich an mein Versprechen gebunden fühlte, habe ich natürlich bis dahin meinem Mann kein Wort von der Unterredung mit Dr. Peus gesagt. Nun mußte mein Mann ja zwangsläufig – nachdem Peus ihm von diesem Gespräch berichtet hatte – annehmen: Ihr seid ja alle gegen mich.«

Und so glaubte Ulla Blomert: »Vielleicht ist da in meinem Mann eine Panikstimmung entstanden: Es gibt keinen Ausweg aus dieser Situation – nochmals von vorne anfangen kannst du sowieso nicht mehr ...«

Auch Paul Liesenhoff, ein Freund von Paul Blomert, wußte von den Komplexen, die Blomert gegenüber seinem Sozius hatte. Nach der Beerdigung warf Liesenhoff Peus vor, ein Ultimatum gestellt zu haben, statt sich um die wirklichen Schwierigkeiten der Blomerts zu kümmern.

Peus antwortete: »Dafür habe ich keine Zeit gehabt.« Und bezüglich des Ultimatums: Ihm sei nichts anderes übrig geblieben. Er habe an sein Ansehen denken müssen.

Auf der anderen Seite dachte Peus nicht daran, die Witwe Blomert finanziell zu entschädigen, immerhin hatte ihr verstorbener Ehemann den Umsatz der Kanzlei gesteigert. Peus wehrte sich juristisch und hinhaltend gegen die Ansprüche von Ulla Blomert – bis die letzte Instanz gegen ihn entschied.

Clemens Blomert gibt nicht auf

Der feste Entschluß der münsterschen Staatsanwaltschaft, in der »Leichensache Blomert« nichts weiter zu unternehmen, da es sich, laut Oberstaatsanwalt Duhme, um einen »sonnenklaren Fall von Selbstmord« handelte, konnte Clemens Blomert, den Bruder des Verstorbenen, keineswegs entmutigen. Der Besitzer einer ärmlich eingerichteten Autosattlerei und -polsterei in Münster scheute in der Folgezeit keine Reisen und Mühen, um die Aufklärung des vermeintlichen Mordes an seinem Bruder voranzutreiben.

So suchte er in Hildesheim den Schriftsachverständigen Bruno Klaassen auf und zeigte ihm den an Blomerts Vater

Franz gerichteten Abschiedsbrief. Klaassen studierte einige Buchstaben und sagte dann: »Das hat eine Frau geschrieben. Donnerwetter, die weiß, was sie will. Der ist jedes Mittel recht, um zum Ziel zu kommen.«

Dazu paßte eine Bemerkung von Ulla, die Clemens in Erinnerung hatte: »Pauls Schrift kann ich leicht nachmachen.«

Ostern 1962 ereignete sich etwas, das den Argwohn der Blomerts erneut steigerte. Clemens Blomert entdeckte neben dem Grab seines Bruders eine drei Quadratmeter große Sandfläche. Außerdem waren die auf dem Grab angepflanzten Kletterpflanzen »Sedum-Album« entfernt und durch Moosplaggen, die offenbar aus dem nahegelegenen Wald stammten, ersetzt worden. Für Clemens Blomert war klar, daß sich jemand am Grab zu schaffen gemacht hatte, möglicherweise, um durch eine Verunstaltung der Leiche einer bevorstehenden Exhumierung zuvorzukommen.

Das städtische Garten- und Friedhofsamt bestätigte die Veränderungen am Grab:

»Auch wir haben Ende April 1962 festgestellt, daß die im Auftrage der Frau Blomert vom Friedhofsamt auf dem Grabbeet gepflanzten Polsterstauden (Sedum-Album) zum Teil entfernt und durch Moosplaggen aus dem Wald ersetzt worden waren. Außerdem war das Grabbeet höher angelegt worden als vorher. An den Sandflächen neben dem Grab waren keine Veränderungen festzustellen. Da ähnliche Veränderungen an städtischen Pflegegräbern durch Angehörige, die mit der Gestaltung des Grabes unzufrieden sind, hin und wieder beobachtet werden, wurde der Angelegenheit keine Bedeutung beigelegt. Der Reviergärtner hat den vorherigen Zustand des Grabes in unserem Auftrag wenige Tage später wieder hergestellt. Wer sich an dem Grab zu schaffen gemacht hat, ist uns nicht bekannt. I.A. gez. Schoemen.«

Am 8. Mai 1962 wandten sich die Blomerts an das Justizministerium in Düsseldorf. Blomerts Vater Franz schrieb dem Justizminister Artur Sträter, die Staatsanwaltschaft Münster vertusche vorsätzlich »die einwandfreie Ermordung meines Sohnes Paul Blomert«, und deshalb verlange er jetzt die Untersuchung des Falles durch eine unbefangene Staatsanwaltschaft außerhalb Münsters. Es habe sich ja erwiesen, daß die Todesumstände am Ort nicht geklärt werden sollten, schließlich habe er mit seinen Verwandten den Leichnam des Sohnes gegen das aufschlußreiche Verbot der Schwiegertochter genau besichtigt und dabei gesehen, daß die verklebten Wunden am Kopf unmöglich von einem Schuß herrühren könnten.

Minister Sträter gab die Beschwerde an den Generalstaatsanwalt in Hamm weiter, dieser schickte sie dem Leitenden Oberstaatsanwalt in Münster, Dr. Sommer. Sommer schließlich überreichte sie zur weiteren Bearbeitung Oberstaatsanwalt Duhme, dem Objekt der Beschwerde.

Duhme bat Clemens Blomert zu sich und eröffnete ihm (nach Darstellung von Clemens Blomert) folgendes: »Sehen Sie mal, Herr Blomert, Ihr verehrter Herr Vater, der kann schreiben, was, wem, wohin und wie oft er will: das kommt am Ende doch alles hierher auf meinen großen Schreibtisch! Auf dem aber ist viel Platz!«

Clemens Blomert bemühte sich auch um Rechtsbeistand. Die meisten Rechtsanwälte winkten ab, sie hielten das Verfahren für aussichtslos oder wollten sich nicht mit der Staatsanwaltschaft anlegen. Endlich jedoch fand Clemens einen Rechtsanwalt, der bereit war, das Verfahren zu übernehmen: Karl Schalk. Schalk war einer jener Rechtsanwälte, die mit

Paul Blomert am Morgen vor seinem Tod im Landgerichts-
gebäude gesprochen hatten.

Schalk sagte zu Clemens Blomert: »Sie sollen nicht glauben,
daß ich zu den Rechtsanwälten gehöre, die kneifen.«

Bald erschienen ihm die Dinge »nicht umfangreich geklärt«. Nach vierzehntägigem Aktenstudium äußerte er gegenüber den Oberstaatsanwälten Duhme und Sommer die
Überzeugung: »Meine Herren – für mich liegt dringender Verdacht vor, daß es sich nicht um Selbstmord handelt.«

In einem Schriftsatz wurde Schalk konkreter:

»Der vor der Darstellung des Herrn Gustav Krabbe
enthaltene Vermerk der Mordkommission: 'Der mit
der Familie Blomert befreundete Geschäftsführer Gustav Krabbe' enthält einen objektiven Fehler insoweit,
als Herr Krabbe nicht mit der Familie Blomert, sondern
mit der Ehefrau Blomert befreundet war. (...) Herr
Krabbe erklärt, daß er auf Grund eines Anrufes der
Ehefrau Blomert mit seiner Frau, die von Beruf (aber
nicht ausübende) Ärztin ist, zwischen 13.25 und 13.35
Uhr zur Wohnung Blomerts gefahren sei, wo sie, gemeint sind seine Frau und er selbst, von Frau Blomert
ins Schlafzimmer verwiesen worden seien. Die Beto-
nung, seine Frau sei Ärztin, läßt erkennen, daß bereits
telephonisch das Geschehen in der Wohnung Blomert
gemeldet gewesen sein mußte. Dann bleibt unklar,
warum nicht die Ärztin, sondern Herr Krabbe allein in
das Schlafzimmer gegangen ist. Natürlich wäre gewesen, daß zunächst die Ärztin sich um ärztliche Versor-
gung des Verletzten bemüht hätte. (...) Herr Krabbe erklärt dann weiter, daß die Vorhänge im Zimmer zugezogen gewesen seien, weshalb er die Vorhänge etwas
geöffnet und dann gesehen habe, daß der Verstorbene
auf der Bettumrandung, mit den Füßen zur Schlafzimmertür und mit dem Kopf zum Heizungskörper

gelegen habe. Diese Sachdarstellung dürfte objektiv beinahe unmöglich sein, weil Herr Krabbe dann vor dem Öffnen der Vorhänge über den in ganzer Länge auf der schmalen Bettumrandung liegenden Rechtsanwalt Blomert unwissentlich weggestiegen sein müßte, ohne ihn zu berühren.«

An die Oberstaatsanwälte Sommer und Duhme gewandt, verstieg sich Schalk sogar zu der Bemerkung: »Wenn Sie meine Meinung hören wollen: Hier bestehen soviele Bedenken, daß an einen Haftbefehl zu denken wäre.«
Aufgrund der Aktivitäten von Rechtsanwalt Schalk ermittelten Kripo und Staatsanwaltschaft noch einmal – ergebnislos. Ein neuerlicher Antrag auf Exhumierung der Leiche Blomerts wurde abgelehnt, eine Dienstaufsichtsbeschwerde gegen die Staatsanwaltschaft Münster niedergeschlagen. Dann war auch Schalk mit seinem Latein am Ende.

Doch Clemens Blomert gab immer noch nicht auf. Er wandte sich an einen Mann, der ihm empfohlen worden war, weil er schon häufiger an der Justiz zweifelnden Mitbürgern geholfen hatte: Dr. Günter Weigand.

Teil II
Sozialanwalt Dr. Günter Weigand

Der Gerechtigkeits-Fanatiker

Der 1924 im ostpreussischen Allenstein geborene Günter Weigand war zu dem Zeitpunkt, als Clemens Blomert ihn ansprach, arbeitslos. Aber er verfügte über eine Menge Erfahrung nicht nur im Berufsleben, sondern auch in Auseinandersetzungen mit Vorgesetzten und Autoritäten, die er nicht selten mit scharf bis beleidigend formulierten Briefen brüskiert hatte.

Nach dem Krieg, den er als Soldat im Kurlandkessel überlebte, legte er ein Notabitur ab und trat in den Postdienst ein. Hier arbeitete er siebeneinhalb Jahre, zuletzt als Inspektor.

1953 nahm er, neben seinem Job als Postangestellter, an der Westfälischen Wilhelms-Universität in Münster das Studium der Theologie auf – weil er Ordensgeistlicher werden wollte. 1954 beendete er den Postdienst, und im Wintersemester 1954/55 wechselte er von der Theologie zur Sozialwissenschaft. 1958 legte er sein Examen als Diplom-Volkswirt ab, 1959 promovierte er mit der Dissertation »Die Berechtigung sittlicher Werturteile in den Sozialwissenschaften« zum Dr. rer. pol.

Nach seinem Studium durchlief der gläubige Katholik Weigand eine Reihe von kurzfristigen Berufsverhältnissen und Praktika, die sowohl auf seiner, als auch auf Seiten seiner Arbeitgeber als unharmonisch und einer Weiterbeschäftigung abträglich empfunden wurden.

Die Deutsche Bank war für fünf Monate sein Arbeitgeber – bis es Differenzen über Kontogebühren für Studenten gab. Studenten, die eine Studienförderung nach dem Honnefer Modell (dem Vorläufer des BAFöG) bezogen, sollten keine Kontoauflösungsgebühr entrichten müssen, wenn sie von einem Studienort zum anderen wechselten, meinte Weigand.

Als Angestellter beim Kommunal-Verlag in Recklinghausen spürte er den Druck, der CDU beizutreten, als Sozialreferent beim Verband der Kriegsopfer in Koblenz eine Aversion gegen sich als Mann mit Hochschulbildung. Als Krankenpfleger in Hamburg beschwerte er sich darüber, daß seine Kollegen frische Leichen »grölend herumwarfen« und ihre Arbeit allzu streng auf das Tarifmaß beschränkten, was wiederum der Gewerkschaft mißfiel.

In Münster schließlich weigerte sich das Generalvikariat, seiner Anstellung als Assistent von Stadtdechant Vennemann in der Pfarrei St. Ludgeri zuzustimmen, weil er vertrauliche Briefe geöffnet hatte.

Andere Arbeitsstellen, die ihm das Arbeitsamt Münster anbot, trat er erst gar nicht an. Bei der Lotto und Toto GmbH in Münster erklärte er den leitenden Herren im Einstellungsgespräch, Lotto und Toto seien doch eigentlich Volksbetrug.

Immer wieder versandte Weigand Briefe, in denen er mit moralischen Urteilen nicht geizte. Als in der »Frankfurter Allgemeinen Zeitung« am 14. Oktober 1961 ein Artikel zum 60. Geburtstag von Hermann Josef Abs, dem Sprecher des Vorstandes der Deutschen Bank, erschien, schrieb Weigand an den »aalglatten Christen« und »konkurrenzlosen Meister des Mammonsdienstes« Abs, in Anspielung auf seine zahlreichen Ämter: »Gläubiger Katholik zu sein, wie bringen Sie das auch noch fertig?«

Das Büro Abs antwortete: »Etwas mehr Zurückhaltung wäre sicherlich richtiger gewesen. Sie mögen über diesen Hinweis lächeln. Ich glaube aber, daß Sie im Leben noch die Erfahrung machen werden, daß es besser ist, sich an die nun einmal bestehenden Verhältnisse anzupassen. (...) Ganz offen gesagt, bestätigt mir Ihr Brief an Herrn Abs, daß Sie es im Leben nicht einfach haben werden, es sei denn, daß Sie sich mehr als bisher bemühen, sich den Gegebenheiten anzupassen.«

Anpassung jedoch war Weigands Sache nicht. Anpassung an verabscheuungswürdige Verhältnisse sei niederträchtig, aber weder christlich noch katholisch, schrieb Weigand an den »lieben Mitmenschen Hermann Josef Abs«, um abschließend zu bemerken: »Eines Tages erscheinen auch Sie im letzten Hemd und ohne Taschen vor Ihren Richtern.«

So muß dieser Günter Weigand dem Clemens Blomert wie ein Bruder im Geiste erschienen sein, als er ihn am Abend des 8. August 1962, fast ein Jahr nach dem Tod von Paul Blomert, besuchte.

Weigand, der Paul Blomert nicht gekannt hatte und bis dahin »unwissend des Glaubens (war), Blomert habe sich selber das Leben genommen, wohl aus Verzweiflung darüber, daß er die ständige Untreue seiner Frau und Mutter der gemeinsamen drei Söhne nicht wirksam unterbinden könne«, fing gleich Feuer. Clemens Blomert habe ihn für seinen 80jährigen, nach fast einjähriger Ungewißheitsqual schon sehr zermürbten Vater dafür zu gewinnen gesucht, »daß ich der Blomertsippe dadurch zur Gewißheit über die Todesumstände verhülfe, daß ich einen Strafprozeß herbeizwänge«, schilderte Weigand die Begegnung.

Eine Aufgabe nach seinem Geschmack: »Ich empfand als Bürger und gläubiger Christ meine Pflicht, diese Last der

Blomerts durch Mittragen verringern zu helfen, wie wenn ich mit ihnen verwandt oder ein Rechtsanwalt wäre, der diesen ehrenden Namen zu Recht trägt.«

Clemens Blomert zeigte Weigand die Eingaben an den Justizminister und schilderte seine Erlebnisse mit Oberstaatsanwalt Duhme. Weigand fragte nach, versuchte Einzelheiten, Zeitabläufe und Widersprüchliches zu klären. Dann war er, nach wenigen Stunden, überzeugt. Noch am selben Abend fuhren Blomert und Weigand hinaus nach Nordwalde, wo sich Weigand von Blomerts Vater schriftlich dazu bevollmächtigen ließ, »die Ermordung meines Sohnes Paul aufzuklären«.

Und bereits am nächsten Morgen ging Weigand, mit der Vollmacht und sachdienlichen Anträgen in der Tasche, zu Oberstaatanwalt Duhme.

Der Sozialanwalt

Oberstaatsanwalt Duhme war natürlich nicht begeistert, als Günter Weigand ihm eröffnete, er werde fortan keine Ruhe bekommen, wenn er nicht den »dunklen Gewalttod« von Paul Blomert aufkläre.

»Was geht Sie das an?« fauchte Duhme. »Das geht Sie gar nichts an. Halten Sie sich da gefälligst heraus, sonst bekommen Sie ein Strafverfahren!«

»Weswegen denn?« fragte Weigand zurück. »Was tue ich denn Verbotenes und Strafwürdiges, wenn ich Sie auffordere, Ihre Pflicht zu tun?«

Duhme antwortete, Weigand verstoße offensichtlich gegen das Verbot unbefugter Rechtsberatung.

Doch darauf hatte Weigand nur gewartet: »Mit dem von den Nazis 1935 erlassenen Rechtsberatungsmißbrauchsgesetz, das jüdischen Rechtsanwälten auch noch die Möglichkeit nehmen sollte, sich als Rechtsbeistände durch eigner Hände Arbeit zu ernähren, können Sie mich nicht erschrecken. Ich betreibe nämlich nicht, wie es dessen Paragraph 1 verlangt, 'geschäfts- oder gewerbsmäßig die Besorgung fremder Rechtssachen'. Ich arbeite hier in einem eklatanten Einzelfall, also nicht serienhaft, und ich nehme dafür keine Vergütung, also kann das auch kein Gewerbe sein.«

Duhme erkannte, daß er es mit einem Gegner zu tun hatte, der nicht so leicht einzuschüchtern war, und steckte erst einmal zurück. Er entschuldigte sich für seinen »Irrtum« und nahm Weigands Anträge und Auskunftsersuchen entgegen. Selbstverständlich verspürte er nicht die leiseste Bereitschaft, ihnen nachzukommen.

Einige Tage später erhielt Weigand den offiziellen Bescheid, daß seine Anträge nicht nur unbegründet, sondern auch absurd seien. Seine Beschwerde beim Generalstaatsanwalt in Hamm wurde ebenso rasch zurückgewiesen, wie seine Dienstaufsichtsbeschwerde vom Justizminister Sträter niedergeschlagen. Das Verwaltungsgericht wies seine Klage ab, weil er nicht in der Blomertaffäre betroffen und deshalb nicht zur Klageerhebung legitimiert sei.

Bis dahin hatte Weigand in einem höflichen und sachlichen Ton geschrieben. Das sollte sich bald ändern.

Und Weigand machte noch etwas anderes: Er betätigte sich als Privatdetektiv. Ein Vierteljahr lang befragte er »an die 350 Personen aus dem Lebenskreis des Toten«. Nach Weigands persönlicher Statistik glaubten »95 Prozent der Befragten nicht an den offiziösen 'Selbstmord-Unglücksfall'.«

Und er fand Zeugen, die den bekannten Verdachtsmomenten neue hinzufügen konnten. So erzählte ihm Antonia Heidtmann, Anwaltsgehilfin in der Kanzlei Peus/Blomert, daß sie beim Heraustragen des sterbenden Blomert »einen blutigen Streifen von der rechten Schläfe zum rechten Ohr« am Kopf Blomerts gesehen habe.

Feuerwehrmann Josef Wessels, einer der beiden Krankenwagenfahrer, die in die Wohnung Blomert gerufen worden waren, sagte zu Weigand, der Tod Blomerts könne kein Selbstmord sein, denn er habe zwei Ausschüsse am Kopf Blomerts gesehen. Wessels begrüßte es auch ausdrücklich, daß »die Sache jetzt endlich in Fluß kommt«.

Gärtnermeister Heribert Lauhues vom Waldfriedhof Lauheide gab Weigand die Auskunft, die Grabstelle Blomerts sei »kurz vor oder nach Ostern von Unbekannten verändert worden«.

Den hochkarätigsten Zeugen fand Weigand in Dr. Günther Kubisch, Assistent am Gerichtsmedizinischen Institut der Universität Münster. Kubisch zu Weigand: »Die Angabe der Staatsanwaltschaft, in unserem Institut sei die Leiche untersucht worden, stimmt nicht.« Und Kubisch wußte noch mehr: Dr. Tiwisina habe ihn angerufen und gefragt, wie er die Todesbescheinigung ausfüllen müsse, damit eine Obduktion nicht erforderlich sei. Tiwisina habe gesagt, er möchte auf keinen Fall, daß eine Obduktion gemacht würde. Kubischs Antwort: »Das kann ich aber nicht verhindern.« Am Ende versprach Kubisch, Weigand zu unterstützen: Wenn er, Weigand, die Exhumierung nicht durchsetzen könne, »werden wir beide zusammen die Leiche illegal ausgraben«.

Günter Weigand, der seine neue (unbezahlte) Tätigkeit quasi zum Beruf gemacht hatte, verspürte mittlerweile das Bedürfnis, sich auch eine offizielle Berufsbezeichnung zuzulegen. Da er nun einmal kein Rechtsanwalt war und ihm das juristische Denken bis zur »Lebensblässe und -feindlichkeit« verdünnt erschien, mußte etwas Neues her: »Priesterliche Freunde rieten mir schließlich, mich einer Arbeitsbezeichnung zu bedienen, die auf ohnmächtig und arm Rechtsuchende eine gewisse Signalwirkung ausüben könne; die zugleich auch erkennen lasse, daß sich der so Benannte grundsätzlich und nicht nur in einem exorbitanten Ausnahmefall von innen heraus der Verpflichtung verschrieben habe, Mitmenschen in Not gratis mit Rat und Tat zur Seite zu stehen, falls zum Beispiel ihr blockiertes Rechtsanliegen unter dem Gesichtspunkt des Gemeinwohls unterstützungswürdig sei. Nach einigem Debattieren fanden wir im Gespräch den Ausdruck Sozialanwalt.«

Bevor Weigand den Titel in seinen Briefkopf aufnahm, versuchte er, sich behördlich abzusichern. Also schrieb er an das Düsseldorfer Sozialministerium, ob gegen die Verwendung dieser Tätigkeitsbenennung Bedenken bestünden.

Einen Monat später, das Sozialministerium hatte die Frage inzwischen an das Justizministerium weitergegeben, erhielt Weigand eine Anzeige der Staatsanwaltschaft Münster wegen »unbefugter Titelführung und Amtsmißbrauch«. Das Justizministerium war daher der Meinung, man müsse die Entscheidung über Weigands Anfrage so lange aussetzen, bis das Strafverfahren gegen ihn abgewickelt sei.

Bei der Staatsanwaltschaft Münster erkannte man jedoch, daß der Titel »Sozialanwalt« gar nicht geschützt war, und zog die Anzeige zurück. Das Justizministerium, nun wieder gefragt, gab die hochintelligente Auskunft, man sei nach wie vor der Auffassung, daß diese Frage »nur strafrechtlich hätte geklärt werden können«.

Aus der behördlichen Unentschlossenheit zog Weigand für sich die Konsequenz, von nun an als Sozialanwalt zu firmieren. Und Jahre später schrieb ihn sogar das Bundesverfassungsgericht mit diesem Titel an.

Weigand zur gesellschaftspolitischen Bedeutung seiner Berufsbezeichnung: »Übrigens wäre ich sehr froh, wenn wenigstens zehn oder fünf oder nur ein Prozent der Akademiker, die Sozialwissenschaften auf Kosten des Steuerzahlers studiert haben, sich gleich mir als Sozialanwälte betätigen möchten. Dann gäbe es ein wenig weniger Elend in unserer Gesellschaft; Ämter und Gerichte würden etwas entlastet, Verzweifelnde faßten neuen Mut, und vor allem hellte sich das deprimierende Sozialklima auf, das vorherrschend davon bestimmt ist, daß jedem das Hemd näher ist als der Rock und einen die Nöte des Nachbarn prinzipiell so lange nichts angehen, bis er am eignen Leibe Not erfährt, die ihn für die Not um ihn herum feinfühliger macht, bestenfalls.«

Weniger erfreut über die (sozial-)anwaltliche Konkurrenz war Rechtsanwalt Schalk, der die Interessen des Blomert-Bruders Clemens juristisch vertrat: »Ich verlangte, daß Clemens Blomert dem Dr. Weigand die Vollmacht entziehen müßte, die er ihm erteilt hatte, da ich mich mit dessen aggressiven Ansichten nicht identifizieren konnte.«

Clemens Blomert beugte sich der Bedingung – und erteilte Weigand wenig später hinter Schalks Rücken eine neue Vollmacht.

Die Flugblatt-Aktion

In der Zwischenzeit forschte Weigand weiter. Er sprach mit Gustav Krabbe, dem Vertrauten von Ulla Blomert und, nach Meinung der Blomertsippe, Tatverdächtigen. Am Ende der Unterredung ließ Weigand keinen Zweifel, auf welche Instanz er sich bei seinen Recherchen stützte: Er sei »vom lieben Gott beauftragt«. Und: »Ich bin wie die Lilie auf dem Felde – ich säe nicht, ich ernte.«

Gegenüber Annemarie Pierenkämper, einer Freundin von Ulla Blomert, betonte Weigand ebenfalls seinen höheren Auftrag. Er sagte, er sei von Gott gesandt, um die Wahrheit zu finden.

Professor Ponsold, dem Leiter des Gerichtsmedizinischen Instituts, ging Weigand gehörig auf die Nerven. Bei ihrer ersten Begegnung überließ der Gerichtsmediziner dem selbsternannten Sozialanwalt noch sein Standardwerk über Schußverletzungen zum Autorenpreis. Einige Tage später, anläßlich eines Kongresses in der Schloß-Aula, forderte Ponsold Polizeischutz an, weil er sich von Weigand bedrängt fühlte. Und in einem Schriftsatz bezeichnete er Weigand als »fanatischen Psychopathen mit querulatorischem Einschlag«.

Weigand hatte Ponsold dessen eigenes Lehrbuch vorgehalten, in dem stand, daß bei gewaltsamen Todesarten eine Obduktion notwendig sei. Ob er noch zu diesem seinem Lehrsatz stünde, wollte der Sozialanwalt von dem Gerichtsmediziner wissen. »Ja, natürlich«, antwortete Ponsold, »aber ich bin da auf ein entsprechendes Ersuchen des Gerichts oder der Staatsanwaltschaft angewiesen.«

Außerdem schrieb Weigand Briefe. An den Rat der Stadt Münster, an Oberbürgermeister Dr. Peus (dem er den Rücktritt empfahl), an den Bundestagsabgeordneten Diebäcker, an den Landtagsabgeordneten Neuhaus, an Beteiligte und Unbeteiligte der Affäre Blomert.

Und er versuchte die Presse für den Fall Blomert zu interessieren – mit bescheidenem Erfolg. Ein münsterscher Verleger, »der sich viel auf seine religiöse Fundierung seiner publizistischen Arbeit zugute hielt« (Weigand), erklärte ihm: »Nie kommt auch nur eine Zeile davon in meine Zeitungen!«

Nur beim »Hamburger Abendblatt« stieß Weigand auf Gegenliebe. Reporter Boettcher-Ramdohr kam nach Münster und verfaßte einen Artikel mit der Überschrift: »Rätsel um den Tod eines Rechtsanwalts / War es Mord, Selbstmord oder Unfall?«

Das brachte auch einen »Quick«-Reporter auf den Plan, der, als er bei Weigand vorfuhr, zuallererst die Frage stellte: »War der ‚Stern‘ schon da?«

All das verursachte im beschaulichen Münster zwar eine Menge Unruhe, aber es erfüllte nicht den Zweck, den Weigand damit verfolgte. Eine neue Untersuchung der Todesumstände Paul Blomerts kam nicht zustande. »So blieb nur die Alternative, die Bemühung aufzustecken, wozu ich mich angesichts meines Versprechens an Blomerts Vater nicht verstehen mochte, oder mit einer extraordinären Aktion die Bevölkerung zu informieren und möglichst auch zu motivieren mitzutun.«

Die »extraordinäre Aktion«, die Weigand plante, war ein Flugblatt. (Fünf Jahre vor Beginn der Studentenbewegung hatte es durchaus noch Seltenheitswert, wenn jemand seine Meinung per Flugblatt kundtat.) Zunächst aber mußte Weigand eine unerwartete Zensur überwinden. 32 Druckereien (darunter die Bundesdruckerei und die Druckerei des Deutschen Gewerkschaftsbundes) weigerten sich, das Pamphlet zu vervielfältigen. Erst der 33. Drucker erklärte sich, gegen Vorkasse und das Versprechen absoluter Verschwiegenheit, bereit, 5.000 rote DIN-A-5-Blätter mit der Schlagzeile »Warum mußte Rechtsanwalt Blomert sterben?« zu drucken.

Am 23. und 26. November 1962 (Freitagabend und Montagmorgen) verteilte Weigand die Flugblätter auf dem münsterschen Bahnhofsvorplatz, wofür er sich sogar die Zustimmung der zuständigen Schutzbereich-Polizeiwache geholt hatte.

Bereits zuvor hatte Weigand die münstersche Presse mit einigen Exemplaren versorgt. Helmut Müller, der Chefreporter der »Westfälischen Nachrichten«, schrieb über diese Begegnung:

>»Der Mann stand auf dem Korridor unserer Zeitung. In der Hand hielt er eine prallgefüllte Aktentasche. Suchend blickte sich der Mann im Halbdunkel um. In diesem Augenblick kam einer der Kollegen über den Gang. Der Mann musterte ihn kurz, holte einen rötlichen Zettel aus der Aktentasche und sagte: 'Sie sollen auch einen solchen Zettel haben. Sie haben damals auf mich einen so guten Eindruck gemacht.' Sprach's, drehte sich um und verschwand. Einen Moment lang glaubte der Kollege, soeben die neueste Staubsauger-Reklame in die Hand gedrückt bekommen zu haben. Dem war aber nicht so: Es war das erste Flugblatt des 'Falles Blomert', das uns zu Gesicht kam. 20 Minuten später kursierte es zu Hunderten vor dem Hauptbahnhof in Münster. Dort verteilte es der Mann mit der Aktentasche an jeden, der es haben wollte. Und nicht nur an solche, die einen guten Eindruck auf ihn gemacht hatten. Auch zwei dänische Kaufleute erwischten es. Kopfschüttelnd lasen sie den Text. 'Unglaublich', konstatierten sie, 'kann das Recht denn so geknebelt werden?' Die Mär einer unvorstellbaren Rechtsverletzung und -beugung setzte sich in Marsch ...« (WN, 1. Dezember 1962)

Das Flugblatt, das in Münster für Wirbel sorgte, lautete (auszugsweise):

>»Der Sozius des Oberbürgermeisters Peus, der Rechtsanwalt Paul Blomert aus Nordwalde, ist mitten im Wahlkampf für den letzten Bundestag, am Mittag des

Freitags, 25. August 1961, im Eheschlafzimmer seiner Wohnung (...) in einer dicken Blutlache von 70 cm Durchmesser angeschossen aufgefunden worden. Wann und wo er genau starb, steht bis heute noch nicht fest. (...)

Er (Dr. Tiwisina) hat auf der Todesbescheinigung als Todesursachen Herzstillstand, Kreislaufversagen und Atemlähmung, als Todesursache privater Unglücksfall beurkundet. Wahre Todesursache ist indes Verbluten infolge Schädelzertrümmerung, die äußerst wahrscheinliche Todesart Tötung unter Verdacht einer strafbaren Handlung. (...) Auf meine Frage, wie es zu der Andersbeurkundung kam, schweigt sich Dr. Tiwisina aus. Warum hat der erfahrene Gehirnchirurg Tiwisina auf dem Totenschein nicht das Kästchen 'Selbstmord' angekreuzt?

Blomert ist zwar in die Räume des gerichtsmedizinischen Instituts geschafft worden, das Prof. Ponsold leitet, aber Leichenöffnung oder wenigstens -schau sind rechtswidrig nicht angeordnet worden.

Der Vater und die Brüder Clemens und Ludger des Erschossenen haben unter Eidanbietung erklärt, schriftlich, daß sie mit eigenen Augen gesehen haben, daß der Kopf ihres Sohnes und Bruders große Pflaster aufwies, die unbestreitbar von zwei oder gar drei Einschüssen und ebensovielen Ausschüssen zeugten. (...) Den Zugang zur Sargkammer in Lauheide hätten sie sich am Sonntagnachmittag vor der Beisetzung mit Gewalt erzwungen und den Sarg eigenmächtig geöffnet.

Ostersonntag 1962 haben zwei Verwandte das Grab des Toten besucht und dieses in völlig verändertem Zustand aufgefunden. Die Karwoche ist also benutzt worden, um bei Nacht und Nebel einer drohenden Exhumierung zuvorzukommen. Es ist zweifelhaft, ob der Tote überhaupt noch unversehrt in Lauheide ruht.

Die Beschuldigten und Verdächtigten fordere ich auf, mich anzuzeigen, damit ich endlich vor Gericht die Wahrheit sagen kann. Fordern Sie die Ausgrabung! Ihr Mitbürger Dr. Günter Weigand.«

Das Flugblatt hatte zwei Wirkungen: Dr. Tiwisina und Gustav Krabbe erwirkten Einstweilige Verfügungen gegen Weigand – und die Staatsanwaltschaft Münster beantragte die Exhumierung der Leiche Paul Blomerts.

Die Exhumierung

Nach der Veröffentlichung des Flugblattes gingen die Offiziellen ein paar Tage auf Tauchstation. Es war so ruhig in Münster, daß es selbst Helmut Müller und den »Westfälischen Nachrichten« zu bunt wurde:

»Wir haben tagelang nach der Veröffentlichung des Flugblattes gewartet: Gewartet auf irgendeine offizielle Stellungnahme. Denn wir fragten uns: Kann jemand in aller Öffentlichkeit Flugzettel verteilen, in denen honorige Leute im Handumdrehen zu Gesetzesbrechern abgestempelt werden?
Wir warteten vergeblich: Bis auf einen Briefwechsel zwischen der Staatsanwaltschaft und dem Oberbürgermeister von Münster (dessen Kompagnon der Rechtsanwalt Blomert einst war), kam keine offizielle Stellungnahme.
Der Briefwechsel wurde uns zur Veröffentlichung angeboten. Wir verzichteten. Was darin an 'Erklärung' zu lesen war, verwirrte höchstens nur noch mehr. Außerdem schien uns der passende Kontrapunkt zu fehlen: Man kann einen Schlag mit dem Holzhammer doch nicht mit dem Staubwedel abwehren. Und dann glaub-

ten wir, nicht mehr warten zu dürfen: Wir recherchierten auf eigene Faust. Es ging uns um die Frage: Stimmen die Anschuldigungen in dem Flugblatt?« (WN, 1. Dezember 1962)

Da Helmut Müller den selbsternannten Sozialanwalt Weigand bereits als Unruhestifter, der die »bürgerlichen Gemüter in Bewegung setzen« wolle, geoutet hatte, ähnelte seine Wahrheitssuche eher einem amtlichen Dementi. Passus für Passus wurden Weigands Fragen und Anschuldigungen korrigiert.

Im Gegensatz zu der weigandschen Behauptung, Zeitpunkt und Ort des Todes stünden nicht genau fest, habe Dr. Tiwisina auf der Todesbescheinigung festgestellt: »Zeitpunkt des Todes: 13.55 Uhr. Ort: Vor dem Haus ...«

Auch habe Dr. Tiwisina nicht nur die von Weigand zitierten Kästchen angekreuzt, sondern eine »penetrierende Schädel-Hirnverletzung« angegeben, die durch eine »offene Hirnverletzung durch direkte Gewalteinwirkung« zustandegekommen sei.

Zur Frage, warum Tiwisina »privater Unglücksfall« und nicht »Selbstmord« angekreuzt habe, zitierte der WN-Reporter Dr. Wolfgang Spann in der »Ärztlichen Rechts- und Standeskunde«: »Der Selbstmordversuch ist ein Unglücksfall im Sinne des § 330 c des StGB.«

Die Anschuldigung von Weigand, Leichenöffnung oder wenigstens -schau seien »rechtswidrig nicht angeordnet worden«, ließ Müller von der Staatsanwaltschaft kommentieren: »Gewöhnlich wird nur dann eine Obduktion angeordnet, wenn Anhaltspunkte für einen unnatürlichen Tod im Sinne des Gesetzes vorliegen. Im Fall Blomert war das nicht der Fall: Bei einer Leichenschau, die im Gerichtsmedizinischen Institut am 25. 8. 61 durch Dr. Rolfing in Gegenwart der Kriminalpolizei durchgeführt wurde, stellte Dr. Rolfing fest: Alle Verletzungen rühren von einem einzigen Schuß her. Weitere Verletzungen sind nicht festgestellt. Eine spätere gutachterliche Äußerung von Dr. Tiwisina bestätigt diesen Befund. Da Rechtsanwalt Blomert kurz vor seinem Tode zu zwei Bekannten äußerte: 'Ich werde mich gleich erschießen' und außerdem drei Abschiedsbriefe hinterließ, waren keine Anhaltspunkte gegeben, die bei einem derartigen medizinischen Befund und den festgestellten Indizien Anlaß zu einer Obduktion geben. Von einer Rechtswidrigkeit kann daher keine Rede sein.«

Zu der Vermutung, jemand habe sich bei »Nacht und Nebel« am Grab Blomerts zu schaffen gemacht, äußerte der Reviergärtner von Lauheide: »Wenn hier ein Grab aufgemacht worden wäre, hätten wir das bemerkt. Das Grab hat sich zwar teilweise gesenkt, aber das beobachten wir hier häufig. Eine andere Bepflanzung als die ursprüngliche ist uns ebenfalls aufgefallen. Wer sie veranlaßt hat, wissen wir nicht.«

Und zu der Forderung, die Leiche zu exhumieren, kam noch einmal die Staatsanwaltschaft zu Wort: »Es haben sich bisher keine Anhaltspunkte ergeben, die eine Exhumierung erforderlich machen. Zwei medizinische Gutachten liegen vor. Sie lassen keinen Zweifel an der Richtigkeit der getroffenen Feststellungen aufkommen. Juristisch kann ein Exhumierungsantrag daher auch nicht begründet werden.«

Um so überraschender war die Kehrtwendung der Staatsanwaltschaft am nächsten Tag. Am 30. November 1962 beantragte sie, die Leiche Paul Blomerts zu exhumieren und zu obduzieren. Der zuständige Obduktionsrichter, Amtsgerichtsrat Gall, stimmte noch am selben Tag zu.

Als am 1. Dezember der Sarg geöffnet wurde, waren auch Rechtsanwalt Schalk und sein Mandant Clemens Blomert zu-

Abtransport der Leiche Blomerts nach der Obduktion

gegen. Sie beobachteten Merkwürdiges: Zwischen Sarg und Deckel lugte ein Stück braunes Packpapier hervor, und im Sarg lag die Geschäftskarte eines Beerdigungsinstituts, das die Bestattung gar nicht ausgeführt hatte.

Clemens Blomert wollte noch mehr gesehen haben: Die Verschlüsse des Sarges stimmten nicht mit denen überein, die sich am Tag der Beerdigung am Sarg befunden hätten. Statt der jetzt vorhandenen Ziernägel seien damals »grobe Schrauben« verwendet worden. Außerdem klebten die Pflaster am Kopf seines Bruders jetzt an anderen Stellen als seinerzeit.

Am selben 1. Dezember wurde Günter Weigand frühmorgens durch eine Hausdurchsuchung überrascht. Die Einstweiligen Verfügungen, mit denen Dr. Tiwisina und Gustav Krabbe erwirkt hatten, daß Weigand einige Behauptungen nicht mehr verbreiten durfte, hatten zu einem Hausdurchsuchungsbefehl geführt, mit dessen Legitimation drei Kriminalbeamte die restlichen Flugblätter und die Druckmatritzen sicherzustellen versuchten.

Weigand, noch im Bademantel, widersetzte sich der Durchsuchung und wollte die Beamten aus der Wohnung weisen. Diese riefen eine Funkstreife zu Hilfe. Er habe keine Gewalt angewendet, sondern die Durchsuchung »passiv« abgewehrt, »indem ich mich schützend vor meinen Schreibtisch und die auf ihm liegenden Schriftstücke stellte«, schilderte Weigand das Ereignis aus seiner Sicht.

Die Kriminalbeamten hatten jedoch das Gefühl, daß Weigand sie aus dem Zimmer drängen wollte. Polizeimeister Wüstehuber, einer der beiden Streifenpolizisten, legte ihm eine Knebelkette an. Nur durch das Festdrehen der Knebelkette, so Wüstehuber, habe er einen Schlag von Weigand abwehren können. Außerdem, berichtete der Polizeimeister, habe Weigand ihn »einen Sadisten und Nazischergen genannt, der ein Gesicht wie eine Feuermelder hat, zum Einschlagen«.

Insgesamt brachte die Aktion Weigand zwei weitere Anzeigen ein, wegen Beleidigung und Widerstand gegen die Staatsgewalt.

Schnellgutachter Anton

Am 3. Dezember 1962 diskutierte der Rat der Stadt Münster in einer öffentlichen Sitzung die Affäre Weigand. Oberbürgermeister Busso Peus verlas einen Brief an die Staatsanwaltschaft, in dem er um Auskunft darüber bat, ob die Staatsanwaltschaft gegen den Verfasser des Flugblatts, »Dr. Weigand, Anklage erhoben hat und ob und ggfs. welche Anträge die Staatsanwaltschaft gestellt hat zur Feststellung des Geisteszustandes des Beschuldigten«.

»Bekanntlich«, schrieb Peus weiter, »ist Herr Dr. Weigand bei unzähligen Stellen in Münster herumgelaufen, und niemand, der einige Zeit mit ihm gesprochen hat, zweifelt daran, daß Herr Dr. Weigand zumindest partiell geistig erkrankt ist. Die Bevölkerung legt natürlich größten Wert darauf zu erfahren, ob diese Ansicht auch von der Staatsanwaltschaft geteilt wird, da es der Bevölkerung gänzlich unverständlich erscheint, daß die Staatsanwaltschaft etwa von einem Gesunden derartige Angriffe gegen sich selbst hinnehmen würde.«

Oberstaatsanwalt Sommer teilte in seiner Antwort an Peus mit, »daß die Staatsanwaltschaft Münster in einer Reihe von Verfahren gegen Dr. Weigand Anklage erhoben hat. Die Erhebung weiterer Anklagen steht bevor. Es handelt sich hierbei um Anklagen wegen Beleidigung, falscher Anschuldigung, Hausfriedensbruch und unbefugter Titelführung. Im Rahmen der anhängigen Verfahren wird auch die Frage der Zurechnungsfähigkeit des Dr. Weigand geprüft werden.«

Die Staatsanwaltschaft beeilte sich, der Aufforderung von Oberbürgermeister Peus nachzukommen. Am 4. Dezember, einen Tag nach der Ratssitzung, beauftragte sie Dr. med. habil. Alfred Anton, Medizinalrat beim Landschaftsverband Westfalen-Lippe, Weigand psychiatrisch zu begutachten.

Am selben 4. Dezember besuchte Anton Weigand in seiner Wohnung und stellte nach einer »kurzen informatorischen Befragung«, hauptsächlich aufgrund des »typischen paranoidstechenden Blicks« fest, daß Weigand »nach nervenärztlicher Erfahrung mit großer Wahrscheinlichkeit dem schizophrenen Formenkreis« angehöre.

Tatsächlich hatte Weigand, nachdem er Antons Besuchszweck erfahren hatte, diesen kurzerhand aus der Wohnung geworfen.

So war Anton auf das Studium der Akten und Beiakten angewiesen. Sehr eingehend kann auch dies nicht gewesen sein, denn noch am Nachmittag des 4. Dezember verfertigte er sein »Nervenfachärztliches Kurzgutachten«. Hierin kam er zu dem Schluß: »Bei einer eingehenden stationären Begutachtung wird der Sachverständige mit überwiegender Wahrscheinlichkeit zu dem Urteil kommen, daß der Angeklagte entsprechend Paragraph 42b StGB als gemeingefährlicher Geisteskranker bis auf weiteres in einer Anstalt verwahrt werden muß.«

Als williger Gehilfe staatlicher Organe hatte sich Dr. Anton schon in seiner DDR-Zeit erwiesen. Bis zu seiner Flucht in den Westen im Jahr 1959 war er wiederholt von DDR-Gerichten als psychiatrischer Gutachter für Untersuchungs-Häftlinge bestellt worden, die unter Alkoholeinwirkung Straftaten begangen hatten. Während es normalerweise Aufgabe der Gerichts-Psychiater ist, den Grad der Zurechnungsfähigkeit der Delinquenten zu ermitteln, sah Psychiater Anton – wie er später sagte – das Ziel seiner Bemühungen darin, »die Strafbarkeit der Täter zu ermitteln«. Zu diesem Zweck setzte er seine Untersuchungsobjekte unter Alkohol.

In seinem 1958 im volkseigenen Carl-Marhold-Verlag, Halle, erschienenen Buch »Die klinische und forensisch-psychiatrische Beurteilung pathologischer Rauschzustände« beschrieb Landesmedizinalrat Anton Methode und Ergebnis von 38 derartigen Untersuchungen. Häftlinge, die einer im Rausch begangenen »Provokation« beschuldigt wurden oder nach einigen Schnäpsen »Widerstand gegen die Staatsgewalt« begangen haben sollen, wurden von Anton auf ihre »Alkoholtoleranz« untersucht.

Die Methode bestand darin, daß die Delinquenten »in einem ruhigen, nett eingerichteten Untersuchungszimmer in der Klinik in Abwesenheit der Bewachungsmannschaften« Schnaps tranken. Zu Beginn erklärte der Wissenschaftler jedem Beschuldigten, es solle lediglich festgestellt werden, »ob er den Alkohol genauso rasch verbrenne wie andere Menschen«. Die Begründung war, wie Anton in seinem Buch bekannte, nur ein Vorwand: »Damit sollte vermieden werden, daß der Häftling auf den Gedanken kommt, daß er in seinem Verhalten beobachtet wird.«

Bei zunehmender Trunkenheit führte Anton mit dem Patienten »eine ablenkende Unterhaltung«, wechselte »unauffällig das Gesprächsthema«, um endlich zu dem Ziel seines Vorhabens vorzustoßen: »Je stärker nun die Alkoholeuphorie wurde, um so mehr gingen wir dazu über, die Tatsituation durchzusprechen und dem Angeklagten auch Widersprüche seiner Tatdarstellung mit den Zeugenaussagen vorzuhalten.« Und: »Auf der Höhe der Alkoholeinwirkung wurden in Hinsicht auf die Tatverübung bewußt provozierende Fragen gestellt.« Die Ergebnisse seiner Befragungen gab Anton dann an die Gerichte weiter.

Noch 1965, anläßlich des Prozesses gegen Günter Weigand, meinte Landesmedizinalrat Anton: »Die Alkoholproben sind völlig korrekt.«

Sprach es nun für Weigands Zurechnungs- oder Unzurechnungsfähigkeit, daß er Antons »informatorische Befragung« als »dummdreiste Art« empfand und nicht mit ihm ins Landeskrankenhaus Marienthal fahren wollte? Weigand glaubte jedenfalls kein Wort von dem, was Anton ihm erzählte: »Er sei absolut zuverlässig, was sich schon daran zeige, daß die mehr als tausend Patienten, die er untersucht habe, ihm den Ehrentitel 'Anton der Unbestechliche' verliehen hätten. Er verstehe mich ja so gut, viel besser als ich mich selber! Ich möge mich ihm nur voller Vertrauen anvertrauen, dann werde alles gut, usw.«

Antons »Nervenfachärztliches Kurzgutachten« reichte jedenfalls aus, um einen Unterbringungsbeschluß des zuständigen Ermittlungsrichters zu erwirken. Nur durch Zufall entging Weigand seiner Verhaftung, und ganze zwölf Tage hielt er sich versteckt, während sein Wahlverteidiger Martin Kriele versuchte, die Anstaltsunterbringung abzuwehren.

Bei der Staatsanwaltschaft Münster stieß Kriele naturgemäß auf wenig Entgegenkommen. Oberstaatsanwalt Duhme ließ es nicht an Deutlichkeit vermissen, als er Kriele anbrüllte: »Weigand muß weg, um jeden Preis, egal mit welchen Mitteln!«

Trotzdem hob das Landgericht Münster zwölf Tage später den Unterbringungsbefehl auf. Das Verteilen des Flugblattes, so das Landgericht, sei nur eine einmalige Sache gewesen;

eine Wiederholung und somit eine neue Beunruhigung der Bevölkerung sei nicht zu befürchten, und deshalb sei keine Gefahr für die öffentliche Ordnung und Sicherheit gegeben. Da hatte sich das Landgericht allerdings in Weigand getäuscht. Der Sozialanwalt gab noch sieben weitere Flugblätter heraus.

Vier Verhaftungen

Die Obduktion der Leiche Paul Blomerts, die im Gerichtsmedizinischen Institut der Uni Münster von den Professoren Sachs und Schweitzer durchgeführt wurde, bestätigte die Angaben der Ärzte Tiwisina und Rohlfing: Es gab nur einen Ein- und Ausschuß.

Professor Sachs schrieb in seinem »Vorläufigen Gutachten«:

>»Der Schädelschuß erklärt zwanglos den Tod. Seine Richtung und die Lage des Ein- und Ausschusses sind nicht so, wie sie gewöhnlich bei Selbsttötung gefunden werden. Auch bei gezielter Tötung durch fremde Hand wird gewöhnlich kein solcher Befund erhoben, eher schon bei Unfällen durch eigene Hand oder unvorsichtigen Umgang durch fremde Hand.«
>
>»Ein Nahschuß ist wahrscheinlich, da man aus dem Platzen des Schädels so schließen kann.«
>
>»Das vorgezeigte Geschoß ist geeignet, die festgestellten Verletzungen zu setzen.«
>
>»Wegen der Aufregung der Selbstmörder ist es nicht ungewöhnlich, daß bei Selbstmordversuchen Verletzungen der hier vorliegenden Art dadurch entstehen, daß der Schuß vorzeitig ausgelöst ist, vor allem mit Schußwaffen, bei denen sich der Schuß durch leichtes Berühren des Abzugs oder Erschütterungen löst.«

Die Staatsanwaltschaft Münster fühlte sich durch den Obduktionsbericht in ihrer Annahme bestätigt, daß keine Anhaltspunkte für ein Fremdverschulden am Tod des Rechtsanwalts Paul Blomert vorlägen. Wörtlich hieß es in der Mitteilung der Staatsanwaltschaft vom 3. Dezember 1962: »Weitere Verletzungen waren nicht feststellbar, auch keine Zeichen eines fremden Angriffs an anderer Stelle, insbesondere keine Spuren stumpfer Gewalt gegen den Schädel oder Zeichen von Würgen bzw. Drosseln oder ähnlichem oder stumpfer Gewalt gegen den Brustkorb.«

Und aufgrund eines Schriftgutachtens von Professor Dr. Brüning von der Universität Münster stehe weiter mit absoluter Sicherheit fest, daß die vorhandenen Abschiedsbriefe von der Hand des Verstorbenen herrührten.

Karl Schalk, der Rechtsanwalt von Clemens Blomert, hatte ebenfalls an der Leiche nichts Ungewöhnliches bemerkt: »Die Leiche lag im Sarg wie jeder andere Tote. Die Hände waren gefaltet und beinahe skelettiert. Und auf den Händen lagen noch zerfallene Blumen wie ein grüner Niederschlag.«

Einige Tage später kam Schalk dann die Idee, daß Gift im Spiel gewesen sein könnte. Also beantragte er eine toxikologische Untersuchung.

Oberstaatsanwalt Duhme konterte mit der kaum verhüllten Drohung: Wenn er, Schalk, einen solchen Antrag stelle, dann läge darin möglicherweise eine »leichtfertig falsche Anschuldigung« und er könne mit einem Verfahren rechnen.

Schalk erinnerte sich, daß er daraufhin »erst recht den schriftlichen Antrag stellte«.

Die Giftuntersuchungen verliefen negativ. Am 6. Dezember erstattete Professor Ponsold ein »Gutachten über das Vorhandensein von schnell wirkenden Giften (Blausäure, E 605)«.

Am 21. Dezember lieferte Ponsold sein zweites Gutachten ab, »über das Vorhandensein von Schlaf- und Betäubungsmitteln in den Leichenteilen«. In beiden Untersuchungen hatte der Leiter des Gerichtsmedizinischen Instituts der Uni Münster keinerlei Giftspuren gefunden.

Nun hätte die Staatsanwaltschaft, zum wiederholten Mal, ihre Ermittlungen einstellen können. Doch da bekamen die Blomertsippe und Weigand Unterstützung von gänzlich unerwarteter Seite. Der Obduktionsrichter, Amtsgerichtsrat Eberhard Gall, war mit den Ermittlungen der Staatsanwaltschaft nicht zufrieden. Er begann, auf eigene Faust zu ermitteln.

Als er 15 Monate nach dem Tod Blomerts die Obduktion angeordnet habe, sagte Gall, seien so gut wie gar keine sachgemäßen Ermittlungen gemacht worden. In den Akten sei er auf befremdliche Widersprüche gestoßen. Auch sei bis dahin Gustav Krabbe, der als erster am Tatort gewesen sei, noch nicht vernommen worden.

Gall, der Paul Blomert gut gekannt hatte, traute dem »robusten« Rechtsanwalt keinen Selbstmord zu. Auch Eheschwierigkeiten ließ er als Motiv nicht gelten, da Blomert sich habe scheiden lassen wollen.

Weiter war Gall aufgefallen, daß Dr. Freiberg zur selben Zeit einen deprimierten Blomert in seinem Büro besucht hatte, in der vier Rechtsanwälte mit einem lustigen und aufgeräumten Blomert im Gerichtsgebäude gesprochen hatten.

Ungefähr gleichzeitig mit Rechtsanwalt Schalk kam Richter Gall auf die Idee, eine toxikologische Untersuchung anzuordnen. Da seien die Oberstaatsanwälte Duhme und Sommer bei ihm aufgetaucht, und Sommer habe in »ausgesprochener Vorgesetztenmanier« erklärt, zur Anordnung einer Giftuntersuchung sei er nicht berechtigt.

Gall setzte sich durch, und auch nach Erstattung der toxikologischen Gutachten durch Professor Ponsold ermittelte er weiter. Dagegen legte die Staatsanwaltschaft Beschwerde beim Landgericht ein. Doch das Landgericht wies, mit Beschluß vom 4. Januar 1963, die Beschwerde zurück:

»Ein solcher Verdacht (auf Fremdverschulden, J.K.) ist indessen entgegen der Ansicht der Staatsanwaltschaft nach Lage der Sache nicht von vornherein von der Hand zu weisen. Denn nach dem bisherigen Stand der Ermittlungen liegen durchaus gewichtige, auf ein möglicherweise strafbares Verhalten hindeutende Verdachtsgründe vor, die durch den bisherigen Obduktionsbefund allein nicht als einwandfrei ausgeräumt angesehen werden können.
Insoweit ist vor allem auf die offen zutage liegenden Widersprüche in den verschiedenen Angaben der Ehefrau Blomert sowie auf die Widersprüche ihrer Angaben zu den Zeugenaussagen der Sekretärinnen Heitmann und Wiethoff hinzuweisen. (...) Der Verdacht scheint nicht unbegründet, daß der Geschehensablauf anders gewesen ist, als ihn die Ehefrau Blomert dargestellt hat.«

Und Richter Gall verhörte weiter. In Aktenvermerken notierte er verschiedene Vermutungen, beispielsweise, daß zwischen dem Ehepaar Krabbe, Frau Blomert und Dr. Freiberg ein Vierecksverhältnis bestanden habe, oder daß Gustav Krabbe der Liebhaber von Ulla Blomert gewesen sei. Verdächtig erschien Gall, daß sich Krabbes Fingerabdrücke an der Tatwaffe befanden, daß Krabbe einige Stunden nach dem Tod Blomerts dem Beerdigungsinstitut den Auftrag erteilt hatte, den blutgetränkten Schlafzimmerläufer zu verbrennen, und daß Ulla Blomert mittlerweile als Buchhalterin für Krabbe arbeitete.

Am 21. Januar 1963 verhaftete Richter Gall Ulla Blomert und Gustav Krabbe wegen des Verdachts der gemeinschaftlichen Ermordung Paul Blomerts, Krabbes Ehefrau Helene und den Kaufmann Dr. Hans Freiberg wegen des Verdachts der Beihilfe zum Mord.

Die Verhafteten kommen wieder frei

36 Stunden später waren die vier Verhafteten wieder frei. Alle vier hatten durch ihre Rechtsanwälte Haftbeschwerden einlegen lassen. Am 23. Januar, zwei Tage nach der Verhaftung und noch bevor die Akten fertiggestellt und Galls Vernehmungsprotokolle aus dem Stenogramm in Langschrift übertragen waren, zitierte die IV. Große Strafkammer des Landgerichts Münster den untergeordneten Richterkollegen herbei, um ihn anzuhören. Dann entschied die Kammer: »Die Verdachtsmomente reichen nicht aus.«
In einer von Landgerichtsrat Schmalacker unterzeichneten Mitteilung an die Presse hieß es:

> »Wie bereits mitgeteilt, sind in der Angelegenheit Blomert die Haftbefehle gegen die vier Verhafteten durch Beschluß der IV. Großen Strafkammer des Landgerichts vom 23. Januar 1963 aufgehoben worden. Diese Entscheidung ist damit begründet worden, daß bezüglich der Verhafteten kein dringender Tatverdacht, wie er für die Aufrechterhaltung eines Haftbefehls erforderlich ist, bestehe. Bezüglich des Verhafteten Dr. Freiberg ist weiter ausgeführt worden, daß lediglich gewisse, bei den Vernehmungen aufgetauchte Widersprüche, die dem Obduktionsrichter Anlaß zum Erlaß des Haftbefehls gegeben haben, bestünden, die jedoch nicht den Verdacht rechtfertigten, daß er an einer ge-

waltsamen Tötung des Rechtsanwalts Blomert beteiligt gewesen sei. Die Kostenentscheidung, die zu Lasten der Staatskasse geht, ist mit einer Gesetzesbestimmung begründet worden, wonach notwendige Auslagen der Staatskasse auferlegt werden können und ihr aufzuerlegen sind, wenn das Verfahren die Unschuld der Betroffenen ergeben oder dargetan hat, daß ein begründeter Tatverdacht nicht vorliegt.«

Die Rechtsanwälte Dr. Lühn und Dr. Elsbernd, die Ulla Blomert vertraten, sowie die Rechtsanwälte Dr. Freudiger und Klümke, die das Ehepaar Krabbe verteidigten, teilten in einer gemeinsamen Erklärung mit:

»Die Haftbefehle sind ergangen unter Verletzung des 125 Abs. I StPo. Es liegt nach Auffassung der Verteidigung eine strafbare Freiheitsentziehung im Amte gemäß 341 StGB seitens des Obduktionsrichters Gall vor. Dieserhalb wird seitens der Verhafteten Strafantrag gegen den Obduktionsrichter Gall gestellt, um auch so eine Wiederherstellung ihrer Ehre anzustreben.«

Die Rechtsanwälte Dr. Peus und Menne erklärten für ihren Mandanten Dr. Freiberg:

»Durch den Beschluß der Strafkammer des Landgerichts Münster (...) ist Herr Dr. Freiberg so weit rehabilitiert, wie das nach einem 'Rufmord' überhaupt nur möglich ist. Die in strafrechtlicher und zivilrechtlicher Hinsicht notwendigen Konsequenzen werden zur gegebenen Zeit gezogen werden.«

Die Staatsanwaltschaft Münster erklärte, nach Aufhebung der Haftbefehle liege die Entscheidung über weitere Ermittlungen wieder bei ihr: »Wir werden noch einmal überprüfen, ob die Ermittlungen des Obduktionsrichters Anlaß geben, anders zu entscheiden als bisher.«

Eine rhetorische Floskel, denn die Staatsanwaltschaft hatte natürlich nichts Eiligeres zu tun, als die Ermittlungen erneut einzustellen. Auf dem Einstellungsbeschluß vermerkte der verbitterte Richter Gall handschriftlich: »Warum werden alle belastenden Umstände bagatellisiert oder gar ignoriert? Warum werden nur entlastende Möglichkeiten, auch ganz unwahrscheinliche, berücksichtigt? Warum schenkt man den Angaben der Beschuldigten bedingungslos Glauben und überprüft sie nicht auf ihre Richtigkeit? Warum werden keine Belastungszeugen vernommen ...?«

Die Staatsanwaltschaft ermittelte statt dessen in eine andere Richtung: Sie warf Richter Gall Amtspflichtverletzung vor.

Der Sanitärkaufmann Dr. Freiberg verklagte Richter Gall und das Land Nordrhein-Westfalen wegen widerrechtlich erlittener Untersuchungshaft. Eine Zivilkammer des Landgerichts Münster stellte fest, Richter Gall habe sich bei der Verhaftung »nicht mehr in den Grenzen des richterlichen Ermessens« verhalten. Seine Entscheidung sei »in hohem Maße fehlsam« gewesen, so daß sie mit den Anforderungen, die an einen Haftrichter zu stellen sind, schlechterdings unvereinbar sei. Das Landgericht verurteilte das Land NRW zu einer Schadenersatzzahlung von 5.000 DM.

Beide Seiten legten gegen das Urteil Berufung ein. In der zweiten Instanz, vor dem Oberlandesgericht Hamm, ruhte das Verfahren jedoch bis zum Abschluß des Prozesses gegen Dr. Günter Weigand.

Weigand macht weiter

Günter Weigand ließ sich durch die Freilassung der vier Verhafteten nicht entmutigen. Die mehr oder minder deutlich formulierte Unschuldsvermutung des Landgerichts Münster konnte ihn nicht überzeugen. Und immerhin hatte er jetzt in Richter Gall, mit dem er sich häufig traf, einen Gleichgesinnten gefunden, der ihn, wenn auch nicht offen, so doch zumindest moralisch unterstützte.

Die Anzeigen und Anklagen, die sich auf Weigands juristischem Schuldenkonto sammelten, bewirkten ebenfalls keine Mäßigung, sondern das genaue Gegenteil. Von Mal zu Mal bissiger, grober und ausfallender attackierte Weigand in seinen Flugblättern die Justiz, die staatlichen Organe und die vermeintlichen Mordverdächtigen.

Immer wieder forderte er die »verehrten Münsteraner Bürger« auf, dafür zu sorgen, daß der »staatlich verschleierte Mord an Blomert ohne Ansehen der in ihn verwickelten Personen endlich aufgeklärt« werde. Nach Weigands (und Galls) Erkenntnissen mußte Blomert sterben,

> »weil er das 5. Rad am holprigen Wagen einer Vierecksbeziehung war«;
> »weil er als Sozius des hochangesehenen CDU-Kämpfers Peus so unvorsichtig war, mehrfach zu drohen, er werde den ganzen schmutzigen Laden hochgehen lassen«;
> »weil seine treue Ulla ihre Lage durch Scheidung nicht verschlechtern lassen wollte«.

Und: »Mit immer schlechteren, erbärmlicheren Lügen wollen kriminelle Beamte in Münster und Hamm auf Weisung des pflichtvergessenen CDU-Ministers Sträter in Düsseldorf den Durchbruch der Wahrheit aufhalten.«

Manchmal mußte (wie in Flugblatt Nr. 7) auch Oberbürgermeister Peus als Hauptschuldiger herhalten: »Blomerts Ermordung mußte verschleiert werden, weil Peus, gerade mit blauen Augen den Skandalen um Rohrbach und die Maisheiligen entronnen, so kurz vor der Bundestagswahl nicht noch die Ermordung seines unbequemen Sozius (er sagt, seines Freundes!) brauchen konnte. Deshalb mußte er aus Brixen per Telefon die Kollektivverschleierung leiten und sofort nach Erscheinen meines Flugblattes (des ersten, J.K.) vor jeder Untersuchung meine Entmündigung im Irrenhaus arrangieren und ankündigen. Er versteht das Lügen, Betrügen, Wuchern und Heucheln gut.«

Denn für Weigand stand fest: »An der Tatsache, daß Rechtsanwalt Blomert in den Mittagsstunden des 25. August 1961 in seiner Wohnung nach einem Kampf mit mehreren Mordbeteiligten heimtückisch ermordet und dieses Kapitalverbrechen fast perfekt verschleiert worden ist, kann kein vernünftiger Mensch mehr zweifeln.«

Und um dies zu beweisen, forderte er ein Gerichtsverfahren gegen sich heraus: »... man beraume die längst überfällige

So soll vielmehr eure Rede sein: ja ja, nein nein.
Was darüber hinausgeht, stammt vom Bösen.
Jesus Christus

7. Blomert-Flugblatt:

Warum Paul Blomert sterben mußte

Verehrte Münsteraner Bürger!

Seit November 1962 frage ich öffentlich, warum Paul Blomert sterben mußte; die Antwort steht noch aus. Heute gebe ich sie selbst.

Das erste Flugblatt hat dank Ihres Interesses am Gemeinwohl die Ausgrabung des Leichnams herbeigezwungen, aber um die Klärung der Mordumstände haben Sie sich betrügen lassen. Mit immer schlechte-

Ausschnitt aus Flugblatt Nr. 7

Schöffengerichtssitzung gegen mich an! Dann bekommt man garantiert die unbeschreibliche Blamage, die man so fürchtet. Ich werde pünktlich zum Termin erscheinen und mein Bestes hergeben, daß alle Zuhörer auf ihre Kosten kommen! Aber der Prozeß wird ja von der Justiz gefürchtet wie das Weihwasser vom Teufel! Schon heute warne ich meine etwaigen Richter vor kapitalen Dummheiten: Ich bin ein demokratischer Staatsbürger, der seine Rechte kennt und sich weder von braunschwarzen Unrechtswahrern anklagen noch von trottelhaften Rechtsklempnern aburteilen läßt. Diese Herrschaften mögen ihre Flachköpfe einziehen, ehe sie von ihren eigenen Bumerangs erschlagen werden!«

Seine ersten vier Flugblätter konnte Weigand komplikationslos verteilen. Erst bei der Verteilung des 5. Flugblatts im August 1963 kam es zu einem Zwischenfall, der – wie nicht anders zu erwarten – von den Beteiligten unterschiedlich dargestellt wurde.

Weigands Version: »Ein erschreckend beschränkter Mann, der niemals hätte Bahnpolizist werden dürfen, wollte sich durch besonderen Eifer hervortun. Er fragte mich von rückwärts beim Verteilen 'Bist Du der Blomert?' Ich antwortete: 'Der ist doch bald zwei Jahre tot! Lassen Sie mich in Ruhe. Ich habe zu tun.' – Zu meinem Glück bekam ich aus dem linken Augenwinkel noch gerade mit, daß der Ordnungshüter ohne weitere Worte blitzschnell zu einem gewaltigen Schwinger ausholte, mit dem er mich wohl 'kampfunfähig' machen wollte, denn er hatte auf mein Kinn gezielt. Dadurch, daß ich schnell einige Zentimeter zurückzog, verfehlte der Angreifer sein Objekt und kam vom eigenen Schwung jämmerlich zu Fall. Er sammelte schnell seine Brille und seine Dienstmütze wieder ein und gab schleunigst – unter dem Gelächter aller Beobachter der Szene – Fersengeld.«

Der Bahnpolizist Franz Wiesmann sagte, Weigand habe sich geweigert, seine Personalien anzugeben. Daraufhin habe er den Flugblattverteiler festnehmen wollen und ihm die linke Hand auf die Schulter gelegt, die dieser jedoch heruntergeschlagen habe.

Nach Ansicht von Wiesmann leistete Weigand damit Widerstand: »Ich wollte mit einem gezielten Boxhieb ins Gesicht seinen Widerstand brechen.« Weigand habe den Schlag allerdings kommen sehen, schneller reagiert und ihn unters Kinn geschlagen. Dabei sei er nach vorn gestolpert und habe Brille und Mütze verloren. Später habe er, zusammen mit seinem Kollegen Kurt Göke, es dann doch noch geschafft, Weigand abzuführen. Bei dieser Gelegenheit habe ihn Weigand in den Daumen gebissen.

Der Bahnpolizist Kurt Göke bestätigte zwar die Festnahme, wollte aber den Daumenbiß nicht bemerkt haben.

Resultat für Weigand: eine Anklage wegen Widerstand gegen die Staatsgewalt.

Damit wurde die Liste der Straftaten, die die Staatsanwaltschaft Weigand vorwarf, um einen Punkt länger. Sie enthielt inzwischen so ziemlich alles, was »einer unternehmen kann, bevor er sich zu Endformen des zwischenmenschlichen Verkehrs wie Mord und Totschlag entschließt« (wie der »Spiegel« schrieb): Beleidigung, üble Nachrede, falsche Anschuldigung, Hausfriedensbruch, Widerstand gegen die Staatsgewalt, Körperverletzung. Im juristischen Sinn handelte es sich jedoch nicht um Verbrechen, sondern um Vergehen, genauer gesagt: um »eine Vielzahl von strafbaren Handlungen«. Und die meisten von ihnen standen oder fielen mit der Frage, wie Paul Blomert gestorben war, eine – zumindest für Weigand – offene Frage.

Trotzdem konnten er und sein Verteidiger Kriele am 14. Oktober 1963 nicht mehr verhindern, was bereits seit längerem drohte: der Haftbefehl. Und am 15. Oktober folgte gleich hinterher ein Unterbringungsbefehl zur zeitweiligen Anstaltsbeobachtung. Für Weigand war dies ein »Doppelnelson«: »Wie wenn ich für mein Tun und Lassen sowohl verantwortlich wie unverantwortlich sei!«

Das Oberlandesgericht Hamm rechtfertigte am 3. Dezember 1963 den Doppelbeschluß: Für die Begutachtung sei eine Anstaltsbeobachtung notwendig, doch müsse vorerst vom Normalfall, »nämlich der strafrechtlichen Verantwortlichkeit des Angeklagten ausgegangen werden«.

Ausführen konnte die Justiz bis dahin weder den einen noch den anderen Befehl: Weigand war, den Gerichtsentscheid vorausahnend, wieder einmal untergetaucht.

Und nicht nur das. Um nicht lebenslang hinter den Mauern einer psychiatrischen Anstalt zu verschwinden, versuchte er, dem Gefälligkeitsgutachten von Medizinalrat Anton etwas Gleichwertiges entgegenzusetzen. Er suchte einen anerkannten Sachverständigen, und fand diesen schließlich in dem Kölner Psychiater Professor Wolfgang de Boor.

De Boor erklärte sich bereit, ein Gutachten über Weigands Geisteszustand anzufertigen. Dazu reiste Weigand (zeitweise als gesuchter Straftäter) einmal wöchentlich nach Köln und absolvierte insgesamt 24 Doppelstunden Exploration.

Professor de Boor kam zu dem Schluß, Günter Weigand sei keinesfalls geisteskrank, sondern »vollverantwortlich« für alle seine Handlungen:

>»Die sehr eingehenden, sich über viele Stunden erstreckenden Explorationen haben keine Hinweise auf eine krankhafte Störung der Geistestätigkeit – etwa im Sinne der von Herrn Dr. Anton angenommenen paranoiden Schizophrenie – ergeben.

Herr Dr. Weigand ist so abnorm, wie viele Rechtsbrecher abnorm im soziologischen Sinne sind – man denke etwa an rückfällige Diebe oder Betrüger –, ohne daß im geringsten die strafrechtliche Verantwortlichkeit eines solchen Täters bezweifelt würde, es sei denn, es lägen eindeutig feststellbare Fakten medizinischer und speziell psychiatrischer Art vor.«

Dieser Diagnose pflichteten die Professoren Werner Scheid in Köln und Ferdinand A. Kehrer in Münster bei, jeder Ordinarius für Psychiatrie.

Querulant mit »Vater-Komplex«

Später ist viel darüber gerätselt worden, was Weigand zu seinen Taten getrieben hat. Nicht nur zog er keinerlei finanziellen Nutzen aus seinen Aktivitäten, er opferte der Aufklärung einer vermeintlichen Mordtat an einem ihm völlig unbekannten Menschen auch einige Jahre seines Lebens und ging zuletzt das Risiko ein, seinen Lebensabend hinter Anstaltsmauern zu verbringen.

Dummheit kann es jedenfalls nicht gewesen sein. Alle, die ihn kannten, auch seine Vorgesetzten, die er nicht selten nervte, bescheinigten ihm eine überdurchschnittliche Intelligenz.

Weigand war, wie Vilma Sturm in der »Frankfurter Allgemeinen Zeitung« schrieb, unfähig zu den »im Umgang mit der Umwelt notwendigen Kompromissen«.

Und »Spiegel«-Reporter Gerhard Mauz machte bei Weigand einen »Vater-Komplex« aus: »Die Ehe der Eltern Weigand war nicht glücklich. Sie war der Rahmen einer seelisch und materiell bedrückenden Kindheit. Weigand senior konvertierte, als er Mutter Weigand heiratete. Später, als er andere Wege beschritt, verließ er die katholische Kirche wieder.

Der Sohn, in einem Maße katholisch, das selbst seine katholischen Freunde zum Jargon greifen und von 'stinkkatholisch' sprechen läßt, geriet dadurch in den Bereich, in dem der Haß auf den Vater in der Verfluchung im Stil des Alten Testaments seine letzte Steigerung erfährt.«

Weigands Vater war – Justizbeamter.

Obwohl Vater Weigand seine Frau wiederholt mit Brotmessern, Gummiknüppel und kochendem Wasser bedroht hatte, wollte Frau Weigand, ebenfalls streng katholisch, die 1950 von ihrem Ehemann angestrebte Scheidung nicht akzeptieren.

Nach Meinung von Günter Weigand wurde die Scheidung gegen jedes Recht ausgesprochen. Der Vater erschien mit seinem Anwalt – der Armenanwalt der Mutter blieb dem Termin fern. Ein anderer, zufällig im Gerichtsgebäude in Düsseldorf anwesender Anwalt wurde hinzugezogen, und ehe die Mutter – so Günter Weigand – merkte, wie ihr geschah, war die Ehe geschieden. »Sie (die Ehe, J.K.) endete mit einem beiderseitigen Schuldspruch, der ihr erst später von ihrem Anwalt erklärt wurde. Sie (die Mutter, J.K.) war krank und wollte nur weg von dem Ort der Schande.«

Vergeblich focht Weigand für seine Mutter die Scheidung an. Und als der inzwischen wiederverheiratete Vater bei seiner Pensionierung den 60-DM-Unterhaltszuschuß für die Mutter auf 40 DM kürzen wollte, schrieb ihm der Sohn eine Karte mit Formulierungen wie »Du seltener Vater ... muß ich mich für Dich und Dein Ersatzweib schämen ... hat Dir der Geiz das letzte bißchen Scham aufgefressen ...«.

Der Vater zeigte seinen Sohn wegen Beleidigung an, und Günter Weigand wurde zu 100 DM Geldstrafe verurteilt. Weigand legte Berufung ein, seine Mutter unterstützte ihn mit einer Schilderung ihres Ehe-Martyriums. Daraufhin zeigte

Vater Weigand nun auch seine Ex-Frau an. Und ein Gericht in Münster gab einer neuen Privatklage des Vaters statt: Frau Weigand habe durch ihre beleidigenden Äußerungen das Recht auf den Unterhaltszuschuß verwirkt.

Weigands Berufung gegen seine Verurteilung wurde ebenso verworfen wie die seiner Mutter. Die Folge waren Berichtigungsanträge, Beschwerden, Eingaben. Und der Ton in Weigands Schreiben wurde schärfer. Drei Richter des Ersten Senats beim Oberlandesgericht Düsseldorf fragte er brieflich, ob sie sich hätten »Gewissen und Schamgefühl wegoperieren« lassen. Als auch eine Verfassungsbeschwerde nicht den gewünschten Erfolg brachte, titulierte er das Verfassungsgericht »Gebhard Müllersches Institut für Zerstörung der demokratischen Rechtsordnung«, den Präsidenten des Gerichts (eben Gebhard Müller) nannte er den »schlimmsten Rechtsfeind«, der sich »fortwährender Grundrechtsdemontage« befleißige.

Fortan war Weigands Verhältnis zur Justiz mehr als gespannt. Zu einem neuerlichen Eklat kam es wegen eines simplen Fahrradunfalls, bei dem er einen seiner Meinung nach ungerechtfertigten Strafbefehl über 5 DM plus 2,50 DM Kosten erhielt und ihm auch noch 9 DM Reparaturkosten entstanden.

Wieder setzte es für die Gerichte Eingaben und Dienstaufsichtsbeschwerden. An den Präsidenten des Düsseldorfer Landgerichts, Berger, schrieb Weigand: »Die Art, wie Sie in Ihrem angezogenen Bescheid meine Eingabe vom 12.9.52 'erledigt' haben, entspricht haargenau der Erwartung, die ich mir davon nach der ersten dienstlichen Erfahrung mit Ihnen vor rund einem Jahr wegen der unberechtigten Wiedereinziehung der Steuer 'Notopfer Berlin' durch den Justizfiskus innerhalb Ihres Landgerichtsbezirks machen konnte und gemacht habe. Sehr im Widerspruch zu Ihrer in öffentlichen CDU-Vorträgen bekundeten weltanschaulichen Gesinnung kanzeln Sie mich von Ihrem so hohen Präsidentenstuhle herab, daß es nur so eine Art hat!«

Der Landgerichtspräsident gab den Vorgang an den zuständigen Präsidenten der Oberpostdirektion »mit der Bitte um Kenntnisnahme und Rückgabe« weiter. Dieser empfahl Weigand 1953, einen anderen Beruf zu suchen: »Selbst wenn Sie im Recht sind, haben Sie eine Form zu wählen, die den anderen Partner nicht verletzt oder gar beleidigt ... Das letzte Schreiben vom 14.10.1952 an Herrn Landgerichtspräsidenten Dr. Berger ist eine einzige Unverschämtheit.«

»Ich habe ja nicht als Postbeamter an ihn geschrieben, sondern als Verkehrsteilnehmer«, empörte sich Weigand, diesmal zu Recht, über die Nationalliga der Präsidenten, die quer durch die Branchen miteinander verkehrte.

Hatte Weigand bis dahin stets für sich und seine nächsten Angehörigen gekämpft, und war das, was er durch seine provozierende bis beleidigende Art verursachte, stets auf ihn selbst zurückgefallen, so geriet er mit dem Fall Blomert an eine Sache, in der er seinen Kampf gegen die Justiz im Interesse anderer ausfechten konnte. »Spiegel«-Reporter Mauz vermutete: »Bislang denn doch, wohl im geheimsten und wenigstens gelegentlich von dem Skrupel geplagt, daß er für sich oder nächste Angehörige den Himmel anrief und die Hölle beschwor, wurde er nun in seinen eigenen Augen zum reinen Kämpfer für die geschändete Gerechtigkeit.«

Der Psychiatrie-Professor de Boor erkannte in seinem Gutachten über Weigand ein »abnormes Phänomen« in der »Zentrierung aller psychischen Energien auf die Verfolgung gesellschaftspolitischer Ziele« und »querulatorische Neigungen«. Aber: »Die Grenze zwischen der Wahrung berechtigter Interessen und querulatorischer Umtriebigkeit (ist) oft nur mit Mühe zu erkennen.«

Natürlich konnte Weigand auch das nicht auf sich sitzen lassen. In de Boors Gutachten fand er einige »höchst unglückliche Formulierungen«, und die Tiefenanalyse des »Psychiatersohns« Mauz wies er in einem Leserbrief an den »Spiegel« aufs schärfste zurück.

Professor Selbachs Gutachten

Am 2. April 1964 wurde Günter Weigand in Berlin verhaftet. Bereits Ende Januar war er nach Berlin geflohen und hatte dort bei Freunden gewohnt. Bei seinen Bemühungen, »die Pattsituation der Blomert-Affäre zugunsten neuer Belebung und prozessualen Fortschritts zu durchbrechen«, ging er eines Tages in das in der Nähe vom Bahnhof Zoo gelegene »Amerikahaus«: »Ich fragte, ob ich einen Herrn sprechen könne, der beruflich Interesse daran haben könne, welche schmutzigen Tricks Nazijuristen im Staatsdienst nur 20 Jahre nach Hitlers Niederringung zum Schaden der Bemühungen um den Aufbau einer wirklichen Demokratie in Deutschland schon wieder anwendeten.«

Man verwies ihn an einen Mister van den Heuvel in der US-Botschaft in Dahlem. Als Weigand dort anrief, war van den Heuvel in einer Besprechung, seine Sekretärin bat um Weigands Rufnummer, damit van den Heuvel ihn zurückrufen könne.

Zwei Tage später wurde Weigand verhaftet und in das Untersuchungsgefängnis Moabit gebracht. Noch einmal sieben

Wochen vergingen, bevor der Untersuchungshäftling in die Psychiatrische und Neurologische Klinik der Freien Universität Berlin eingeliefert wurde, die Professor Dr. Helmut Selbach leitete. Professor Selbach war von der Staatsanwaltschaft Münster beauftragt worden, das letztlich entscheidende Gutachten über Weigands Geisteszustand zu erstellen.

Das erste Zusammentreffen Weigands mit Professor Selbach verhieß nichts Gutes. Zunächst weigerte sich Weigand, die »Zugangszelle für Tobende« zu betreten, und verlangte, den Direktor der Klinik zu sprechen. »Endlich kam der Vollgott in weiß mit großem Gefolge, und als erstes zog der ganze Pulk mit mir nun doch ritualhaft in jene Tobsuchtszelle, die nach ihrem kärglichen Platzangebot nicht einmal die Hälfte der Gaffer in sich aufnehmen konnte; die anderen reckten ihre Hälse aus dem Flur durch den Türrahmen. Ich fragte sofort, was der Spuk solle, was ich überhaupt hier unter diesen für einen Gesunden (...) unzumutbaren, entwürdigenden Lebensbedingungen solle? Wie er sich denn wohl vorkäme, wenn mit *ihm* völlig grundlos solcher Zirkus wie nun mit mir veranstaltet würde?«

Professor Selbach reagierte gereizt: »Wenn Sie hier Schwierigkeiten machen wollen, dann ist das ganz einfach, dann schicke ich die Akten und den Auftrag an die Staatsanwaltschaft Münster unerledigt zurück! Ich komme eben von einem Kongreß in Lissabon und muß in diesen Tagen wieder auf einen in Edinburgh. Es ist ohnehin eine Zumutung, einen Aktenstapel durcharbeiten zu müssen, der 46 Kilogramm wiegt und übereinandergelegt 1,64 Meter hoch ist.«

Weigand kam diese Drohung nicht ungelegen: »Ich schlug Herrn Selbach vor, schnellstens seine Drohung wahr zu machen: einen größeren Gefallen könne er mir gar nicht erweisen, weil ich es endgültig leid sei, mich immer von neuem wie ein Insekt aufspießen und befummeln zu lassen, obwohl menschenmöglich sicher festgestellt war, daß ich im psychiatrischen Sinne gesund sei. Ich sei also bei Gott nicht auf seine überflüssigen Erkenntnisse angewiesen.«

Damit weckte Weigand vermutlich Professor Selbachs Ehrgeiz, besonders gründlich vorzugehen. Denn das Gutachten, das der Klinikdirektor am 15. September 1964 nach Münster schickte, umfaßte 242 Seiten.

Über seine Tendenz war sich Weigand da längst im klaren. In der Zwischenzeit hatte er nämlich seinen Berliner Verteidiger von Heynitz vorgeschickt, um die Meinung des Professors zu erkunden. Und von Heynitz berichtete: »Sie sind, hat er gesagt, geradezu ein Prototyp des vollkommenen Behördenschrecks. Sie müssen schon deshalb lebenslänglich hinter Gitter, weil sonst niemand auf der Erde vor Ihren Beleidigungen und Verunglimpfungen sicher sein könnte. Die großen Teufel der Welt, etwa im Ostblock, die sähen Sie nicht, aber die kleinen Übel und Mißgeschicke bei uns, die sähen Sie riesengroß und ohne Urteilskraft.«

In seinem Gutachten nahm Professor Selbach den selben Gedanken auf, formulierte aber etwas verbrämter, daß »Irreführung und Beunruhigung der Öffentlichkeit, Vertrauensgefährdung gegenüber der Rechtspflege, Störung der ordnungsgemäßen Verwaltungsarbeit von Behörden und schließlich auch Aufhetzen durch inhaltlich falsche und verleumderische Schriften ... das Maß der Gefährdung der Allgemeinheit durch Herrn Dr. W.« kennzeichneten.

Schlimmer noch: »Durch seine Angriffe ... überschreitet er ... die Gefahrenlinie, Stillegung der Rechtspflege zeigt schließlich die Erheblichkeit der Gefährdung in vollem Umfange.«

Um sein Urteil zu rechtfertigen, war dem Psychiater kein Anlaß zu schade. So lastete er Weigand zum Beispiel die »kritiklose Übernahme und Bewertung drittrangiger Literatur« an – anläßlich des Gespräches über ein Buch, das Selbach zufolge »Der Apfelsinendoktor« hieß. Tatsächlich handelte es sich um die Aufzeichnungen des Psychiaters Dr. van Sweeren, die dieser unter dem Pseudonym Friedrich Deich und dem Titel »Windarzt und Apfelsinenpfarrer« im Econ-Verlag veröffentlicht hatte.

Selbst Weigands Doktorarbeit war vor dem analytischen Blick Professor Selbachs nicht sicher. Auf Seite 15 des Werkes entdeckte er einen verräterischen Satz: »Auffallend ist jedoch noch die Bemerkung des Herrn Dr. W. in seiner Promotions-Arbeit: 'Man erwäge ernsthaft die abgrundtiefe Furcht, das eigene Ich könne noch in einem anderen Menschen existieren.'« (Was den »Spiegel« zu dem ironischen Kommentar veranlaßte: »Nichtmedizinischen Fakultäten möchte man für die Zukunft die Hinzuziehung eines Psychiaters bei den Promotionen empfehlen.«)

Und Selbach wußte auch genau, was mit Weigand geschehen mußte. Die Erfahrung habe gelehrt, schrieb der Professor, »daß man bei exzessiver Querulanz der Möglichkeit der Sicherungsverwahrung größere Beachtung schenken sollte.«

Laut Strafgesetzbuch durfte die Sicherungsverwahrung jedoch nur auf »gefährliche Gewohnheitsverbrecher« angewendet werden, und lediglich dann, »wenn die öffentliche Sicherheit es erfordert«.

Hinsichtlich der Zurechnungsfähigkeit des Dr. W. kam Professor Selbach zu einem zwiespältigen Ergebnis:

- Für Weigands Straftaten »in momentaner Rebellion« bestehe »eine gewisse Wahrscheinlichkeit für das Vorliegen völliger Zurechnungsunfähigkeit« gemäß Paragraph 51 Absatz 1 des Strafgesetzbuchs.

- Für Weigands Straftaten, die »im allgemeinen« aus einer »expansiven Querulanz« entstanden seien, ließen sich dagegen »mit Sicherheit die Voraussetzungen einer erheblich verminderten Zurechnungsfähigkeit« gemäß Paragraph 51 Absatz 2 nachweisen.

Der zuständige Sachbearbeiter in Münster, Amtsgerichtsrat Müller, war mit dem Selbach-Gutachten nicht ganz zufrieden. Er grübelte ein paar Tage über dem Werk und rief dann am 21. September in Berlin an. Es hätten sich Unklarheiten hinsichtlich des Paragraphen 51 eingeschlichen, sagte Müller zu Professor Selbach und bat um eine »Ergänzung«.

Nach dem vorliegenden Gutachten hätte sich das Landgericht Münster mit den von Weigand im Zustand des Paragraphen 51 Absatz 2 (»erheblich verminderte Zurechnungsfähigkeit«) begangenen Straftaten inhaltlich auseinandersetzen müssen. Das heißt, Weigand hätte die Möglichkeit gehabt, Beweisanträge zu stellen, um die Unrichtigkeit der gegen ihn erhobenen Vorwürfe (z.B. üble Nachrede) zu belegen. Mit anderen Worten: Der Fall Blomert wäre aufgerollt worden. Genau das, was Weigand wollte.

Wäre Professor Selbach jedoch zu dem Ergebnis gekommen, daß Weigand alle seine Straftaten im Zustand des Paragraphen 51 Absatz 1 (»völlige Zurechnungsunfähigkeit«) begangen habe, würde das Landgericht Münster um eine Hauptverhandlung in der Sache herumkommen. Die Frage, ob sich Weigand tatsächlich strafbar gemacht habe, wäre dann völlig uninteressant. Das Gericht müßte nur noch Weigands Abschiebung in eine Irrenanstalt beschließen.

Für die »Ergänzung« benötigte Professor Selbach nur einen Tag und eine Seite. Im »Nachgang« zu seinem Gutachten »bestätigte« der Professor, daß »bei Herrn Dr. Weigand auf Grund seiner krankhaften Störung der Geistestätigkeit (expansive Querulanz von Krankheitswert) für sämtliche der genannten Straftaten das Hemmungsvermögen aufgehoben war, so daß er nicht in der Lage war, seiner Einsicht gemäß zu handeln«.

Amtsgerichtsrat Müller war jetzt zufrieden. Günter Weigand würde endlich dahin kommen, wohin er nach Meinung der münsterschen Justiz schon lange gehörte: auf unbestimmte Zeit in die geschlossene Abteilung einer Psychiatrischen Klinik. Der Rest, der noch zu absolvieren war, schien nur ein Klacks: die Eröffnung der Hauptverhandlung, der Vortrag des Gutachters Selbach, der Beschluß des Landgerichts.
    Weder Müller noch Selbach störte, daß Professor de Boor in seinem Gutachten zu dem Schluß gekommen war: »Die Voraussetzungen zur Anwendung des 51 Abs. 1 oder 2 StGB liegen bei Weigand nicht vor. Man sollte vor einer so tief in die Rechte des Staatsbürgers eingreifenden Maßnahme die Ansicht der zwei genannten Professoren (Scheid und Kehrer) sowie die des unterzeichnenden Arztes hören.«

Womit die münsterschen Juristen jedoch nicht gerechnet hatten: die Öffentlichkeit wurde auf die Affäre Weigand aufmerksam.

Solidarität mit Weigand

»Die viermotorige DC 6 N 6105 der Pan American World Airways, Charterflug Nr. 24, stand abflugbereit auf dem Rollfeld in Berlin-Tempelhof.

In einem Kleinbus wurde der Passagier herantransportiert, für den die Maschine gemietet worden war. Drei Polizisten machten ihn noch im Wagen flugfertig: Sie zwängten Handschellen um seine Gelenke, schlugen Knebelketten um seine Arme und hielten ihm den Mund zu, als er vor Schmerzen aufschrie.

Wenige Minuten später rollte die Maschine mit dem Gefesselten an Bord zum Start. Das war am 22. September dieses Jahres (1964, J.K.), zwölf Uhr mittags.

Für den Delinquenten freilich schlug es dreizehn: Der Diplom-Volkswirt Dr. Günter Weigand, 39, wurde von Berlin ins Strafgefängnis nach Münster und von dort in die Heilanstalt Eickelborn bei Soest geschafft.

Dort wird er seither verwahrt, hinter 28 verriegelten Türen.«

So schilderte der »Spiegel« (Nr. 47/64) die Überführung Weigands von Berlin nach Eickelborn.

98 Tage verbrachte Weigand in Eickelborn, in einer kargen Zelle, die für tobende Neuzugänge gebaut war. Erst nach vier Wochen erhielt er seine Kleidung und seine Handakten zurück. »Vorher enthielt der Käfig, zugig-kalt, ohne Fensterglas mit Blick auf den Himmel, mit einer 15 Watt-Birne und einem Heizstrahler hoch an der Decke, so daß der untere Meter Käfig-Luft ewig kalt blieb, vorne nur eine wuchtige Gittertür, zwischen deren Stäbe von außen abends für die Nacht eine Urinente aus Plastik geklemmt wurde, außer einem zusammengeschraubten Bett, in dem man wie in einer Hängematte auf ausgeleierten Gurten lag, nichts. Tisch und Stuhl mit den Kleidern wurden abends herausgenommen und morgens wieder hereingeschoben. Kam mich zwischen 19.00 und 7.45 Uhr das Bedürfnis an zu entkoten, dann wurde mir nicht etwa der Gang zur Toilette ermöglicht, sondern ein paar Blätter Zeitungspapier durchgesteckt, auf die ich mein

Geschäft zu verrichten und es dann, oberflächlich einge-
wickelt, durch zwei Gitterstäbe nach draußen auf eine bereit-
gehaltene Schaufel zu quetschen hatte. Ein Not-WC gab es
aus denselben Gründen nicht, aus denen ich nach draußen
urinieren mußte: angeblich hatte früher einmal irgendwann
ein Verrückter das Personal mit Urin und Kot als Wurf-
materialien angegriffen! Dreimal habe ich diese entwürdigende Prozedur ertragen, dann drohte ich: Bekomme ich jetzt
nicht endlich ein Klosett, dann mache ich den nächsten Hau-
fen auf den Fußboden! Und siehe da: nun stand plötzlich dem
Hereinstellen eines Gefäßes mit etwas Wasser nichts mehr im
Wege.«

Doch nun, im Herbst 1964, begann sich die überregionale
Presse für die Affäre Weigand zu interessieren. Dabei wurden
weniger die zahlreichen Ungereimheiten im Fall Blomert,
sondern vielmehr der selbstherrliche und arrogante Umgang
der Justiz und ihrer bestallten Gutachter mit dem Sozialanwalt Weigand sowie seine entwürdigende Anstaltsunterbringung kritisch beleuchtet.

Auch zahlreiche Prominente setzten sich für Weigand ein,
darunter die Professoren Ernest Bornemann in Bochum (Sozi-
alpädagogik), Franz Klüber in Regensburg (Theologie), Ulrich
Klug in Köln (Strafrecht) und Robert Spaemann in Stuttgart
(Philosophie).

Der Theologie-Professor Klüber: »Ich kenne Herrn Dr.
Weigand ... persönlich sehr gut. Er ist ein ungewöhnlich intel-
ligenter Mann mit einem untrüglichen Sinn für Recht und Gerechtigkeit.«

Der Jura-Professor Klug: »Der lange Freiheitsentzug und
der allenfalls bei Schwerstkriminellen zu rechtfertigende
gewaltsame Transport von Berlin nach Münster stehen ... in
keinem angemessenen Verhältnis zu den zur Last gelegten

Taten und zu den zu erwartenden Strafen oder Maßnahmen.«

Der Kriminalexperte Frank Arnau schrieb: »Es sind in den vergangenen 73 Jahren niemals Angeklagte wegen Beleidigung, Verleumdung, übler Nachrede oder anderer ähnlicher Vergehen in eine geschlossene Heilanstalt eingewiesen worden. Es gibt keinen einzigen Fall, daß eine solche äußerste Maßnahme ergriffen wurde, ohne daß Gemeingefährlichkeit vorlag.«

Der Schriftsteller (und spätere Literatur-Nobelpreisträger) Heinrich Böll trug mit einer Spende von mehreren tausend Mark dazu bei, daß sich Weigand zwei Wahlverteidiger leisten konnte.

Weigand-Gutachter Professor Selbach, auf die Unterstützung angesprochen: »Böll? Ist das der mit der Grastrommel?«

Immerhin fand Professor Selbach die Presseberichte so beunruhigend, daß er am 26. Oktober 1964 einen Brief an die II. Große Strafkammer am Landgericht Münster schrieb: »Bei dieser Gelegenheit möchte ich gerichtskundig machen, daß die Angriffe vorwiegend in der linksgerichteten Presse sich jetzt auch gegen den Sachverständigen richten, übrigens mit ähnlichen Anwürfen, wie ich sie aus meiner Sachverständigen-Tätigkeit während der NS-Zeit noch gut in Erinnerung habe; Verleumdungen, Beleidigungen, der Versuch der Existenzvernichtung stellen den üblichen Inhalt dar. Ich könnte mir aber denken, daß das Gericht sich darauf einstellen muß, die öffentliche Aufgabe des Sachverständigen energisch und mit allem Nachdruck unter Schutz zu stellen. Ich beantrage bereits jetzt, in Münster unter Eid aussagen zu dürfen.«

Und einen Tag später stellte Selbach einen weiteren Antrag: »Im Nachgang zu meinem Schreiben vom 26. Oktober 1964 erlaube ich mir angesichts des zunehmenden Terrors in der

Untersuchungshäftling Weigand in der Heilanstalt Eickelborn

Presse den Vorschlag, die Verhandlungen im Prozeß Weigand auf Tonband aufzunehmen.«

Zur »linksgerichteten« und »Terror« ausübenden Presse zählten so renommierte Zeitschriften und Zeitungen wie der »Spiegel«, die »Süddeutsche Zeitung« und die »Frankfurter Allgemeine Zeitung«.

Weigand habe seit der vorläufigen Unterbringung in der Anstalt Eickelborn mehr Sympathien gewonnen, als er durch seine eigene Maßlosigkeit verloren habe, schrieb der »Spiegel« und resümierte: »Die Unterbringung Weigands in einer Anstalt ... würde eine Kapitulation der Öffentlichkeit vor den Schwierigen in ihrer Mitte bedeuten. Und sie würde, beiläufig, auch einen Hochmut der Justiz und nicht ihre Hoheit bestätigen.«

In der »Frankfurter Allgemeinen Zeitung« kommentierte Vilma Sturm: »Die Angst, daß hier tatsächlich einer von Staats wegen mit Hilfe der Ärzte mundtot gemacht werden soll, ist nicht so 'grotesk', wie Herr Professor Selbach meint. Sie ist durch die Vorgänge hinreichend begründet.«

Am 27. Januar 1965 begann die Hauptverhandlung gegen Günter Weigand, zunächst als Sicherungsverfahren. Wenige Tage zuvor hatte der »Spiegel« eine Titelgeschichte zur »Affäre Weigand« veröffentlicht. Ihr Verfasser, der Gerichtsreporter Gerhard Mauz, ordnete den Weigand-Prozeß in die Tradition der münsterschen Justizaffären ein: »In dieser Woche beginnt ein Prozeß, in dem sich erweisen wird, ob der Angeklagte bei Verstand und die Justiz bei Vernunft ist. Vom Urteil hängt ab, ob der Diplom-Volkswirt Dr. Günter Weigand, 40, dort verschwindet, wo er die letzten vier Monate bereits verbringen mußte: in der Heilanstalt, populär Irrenhaus genannt. Dieser Prozeß wird in Münster verhandelt – in einer Stadt, die seit den Gattenmord-Prozessen um Maria Rohrbach in den Ruf geraten ist, Nährboden für Justiz-Affären zu sein.«

Teil III
Der Prozeß

Professor Selbach steigt aus

»Das Szenarium glich der Kulisse eines Film-Studios: Scheinwerfer tauchten die vor einer Absperrung wartende Menge in gleißendes Licht, Kameraverschlüsse klickten und ein nervöses Gewirr von Stimmen vervielfältigte sich ständig: Deutschlands zur Zeit prominentester Untersuchungshäftling, der 40jährige Dr. Günter Weigand aus Münster, konnte zu seinem Prozeß-Debut eines großen Bahnhofs sicher sein.«

So beschrieb WN-Reporter Helmut Müller den Beginn des Prozesses gegen Günter Weigand am 27. Januar 1965. Und Müller wunderte sich, daß man Weigand gar nichts von der paranoiden Schizophrenie und der krankhaften Querulanz anmerkte, die ihm einige der anwesenden sechs Sachverständigen bescheinigten. Mit »artigen Verbeugungen« und »freundlichem Nicken« wirke der Angeklagte eher wie »ein aufgeweckter Beobachter seiner eigenen Misere«.

Das Wort überließ Weigand vorerst seinen Verteidigern, dem Berliner Rechtsanwalt Müller-Voß und dem Stuttgarter Rechtsanwalt Falk. Kaum hatte der Vorsitzende Richter, Landgerichtsrat Möllers, das Verfahren eröffnet, stellten sie drei Anträge: 1. Den Gutachter Professor Selbach wegen Besorgnis der Befangenheit und Voreingenommenheit abzulehnen. 2. Den Sachverständigen Dr. Wiedenfeld (Weigands Stationsarzt in Eickelborn, J.K.) wegen Besorgnis der Befangenheit abzulehnen. 3. Den Prozeß an das Landgericht Berlin abzugeben, da Weigand inzwischen dort seinen Wohnsitz habe

*Günter Weigand betritt den Gerichtssaal. In der ersten Reihe
die Psychiater de Boor, von Baeyer und Rauch*

und »nur mit Gewalt und gegen seinen Willen« nach Münster gebracht worden sei.

Zur Begründung der Ablehnung von Professor Selbach sagte Verteidiger Müller-Voß: »Aus dem von Professor Selbach erstatteten Gutachten ergibt sich eine Reihe von Ressentiments.« Ressentiments bei der Beurteilung seiner Lektüre, seiner Doktorarbeit, seiner Berufsausbildung und seines Bekanntenkreises. »Es stehen Welten zwischen dem Beschuldigten und dem Gutachter«, fuhr Müller-Voß fort, »Welten, die eine objektive und unvoreingenommene Beurteilung ausschließen: die Welt nämlich des von nationalen Ideologien geprägten, dem 'Preußengeist' anhängenden ehemaligen Jungstahlhelmers und Wehrmachtsoffiziers gegen den von rigorosen pazifistischen Idealen beseelten jungen Katholiken, der der staatlichen Autorität mit immer wieder ausbrechender heftiger Kritik gegenübersteht.«

Professor Selbach nahm umgehend Stellung. Er sei anfänglich Stahlhelm-Mitglied gewesen. »Das war sehr schön – und es waren ordentliche Leute.« 1937 sei er der NSDAP beigetreten. »Das, was ich in der NS-Zeit für Deutsche getan habe, habe ich nicht getan, um mich dafür vor einem deutschen Gericht zu verantworten.« Und was die Voreingenommenheit angehe: »Ich stehe so lange zu meinen Patienten, wie das nötig ist. Und für mich ist Dr. Weigand ein Patient – ich kann daher gar nicht befangen sein.«

»Ich bin gern bereit«, schloß Selbach, »Dr. Weigand für ein bis anderthalb Jahre in meine Obhut zu nehmen und dafür zu sorgen, daß er als netter und freundlicher Mann wieder an die Öffentlichkeit gehen kann.«

Das bewegte Weigand dann doch zu einer Frage: »Professor Selbach hat zu meiner Freude das enge Verhältnis Arzt-Patient erwähnt. Nun empfiehlt er bei mir ja Sicherungsverwahrung. Will er dann auch mit mir in die Sicherungsverwahrung gehen?«

Professor Selbach antwortete mit einem Kopfnicken.

Die Ablehnung des Eickelborner Anstaltsarztes Dr. Wiedenfeld als Sachverständiger begründete Müller-Voß mit den »diskriminierenden Beschränkungen«, denen Weigand in Eickelborn unterworfen gewesen sei und die sich nicht mit der Anstaltsordnung rechtfertigen ließen: Weigand sei in einem Käfig untergebracht worden, er habe Anstaltskleidung tragen müssen, man habe ihm seine persönliche Habe weggenommen, er habe weder ein Kruzifix aufhängen noch sonntags die Messe besuchen dürfen. Zum Essen habe er nur einen Löffel bekommen, und anstatt auf die Toilette gehen zu dürfen, habe er durch die Gitterstäbe in eine Flasche urinieren müssen.

Dr. Wiedenfeld sagte, er habe die Anstaltsordnung nicht gemacht. Im übrigen seien sie durch eine Anordnung der Staatsanwaltschaft gehalten gewesen, Dr. Weigand in einem absolut fluchtsicheren Hause unterzubringen. Dort herrsche nun einmal eine strenge Ordnung. »Die Behandlung aber kann keineswegs – wie hier gesagt worden ist – als menschenunwürdig bezeichnet werden.«

Die Anklage, vertreten durch Oberstaatsanwalt Pottgiesser und Staatsanwalt Feldmann, lehnte die Anträge der Verteidigung ab, hatte aber nichts dagegen einzuwenden, »wenn das Gericht die Ansicht vertritt, daß die drei Gutachter Selbach, de Boor und Wiedenfeld nicht ausreichen und einen weiteren Gutachter bestellt.«

Das Gericht entschied nicht sofort über die Anträge, sondern vertagte sich auf den nächsten Morgen.

In einer Verhandlungspause gab Günter Weigand eine Art Pressekonferenz. »Fragen Sie nur, meine Herren!« forderte er die Journalisten auf. »Ich stehe Ihnen Rede und Antwort.« Allerdings wolle er sich nur zum Verfahren und nicht zur Sache äußern, solange er als unzurechnungsfähig gelte. »Denn dann kann ich mich ja auch gar nicht verantworten.«

Am nächsten Morgen verkündete das Gericht seine Beschlüsse:

- Der Antrag der Verteidigung, die Sache an das Landgericht Berlin als zuständigem Gericht zu verweisen, wurde verworfen.
- Dem Antrag auf Ablehnung von Gutachter Dr. Wiedenfeld wurde stattgegeben. Aus Sicht des Beschuldigten ergäben sich Zweifel an der Unparteilichkeit des Sachverständigen, da dieser als Anstaltsarzt ausführendes Organ der Verwahrungsbehörde sei.
- Der Antrag auf Ablehnung des Sachverständigen Professor Selbach sei nicht begründet. »Die von der Verteidigung vorgetragenen Zweifel sind nicht geeignet, an der Unparteilichkeit, Glaubwürdigkeit und Unvoreingenommenheit des Sachverständigen zu zweifeln.« Darüber hinaus sei die Behauptung, er habe sein Gutachten nachträglich abgeändert, unrichtig.

Doch das Gericht hatte seine Rechnung ohne Professor Selbach gemacht. »Ich möchte aus diesem Unternehmen aussteigen«, verkündete er etwas flapsig. »Im Spandauer Volksblatt hat eine Aufforderung gestanden, mich als deutschen Hochschullehrer zu liquidieren. Ich erkläre mich daher für befangen, wenn die persönliche Sicherheit meiner Angehörigen bedroht ist. Sie stehen mir schließlich noch näher als der Patient.« Wobei er Weigand einen flüchtigen Blick zuwarf.

Landgerichtsrat Möllers brauchte ein paar Sekunden, um das Gehörte zu begreifen. »Verstehe ich Sie richtig, Herr Professor – Sie wollen sich jetzt als befangen erklären?«

Professor Selbach wollte – und das Gericht mußte sich nach einem neuen Gutachter umsehen.

Nach der Verhandlung wurde Selbach noch deutlicher: »Wer sich gegen die linke Presse wendet und sich mit ihr anlegt, ist ein toter Mann im deutschen Vaterland«, dozierte er. »Es läuft wieder wie 1933, bloß mit anderen Vorzeichen. Damals hat man deutschen Professoren den Vorwurf gemacht, den Mund nicht aufgemacht zu haben. Diesmal machen wir ihn auf. Da sind wir hart!«

Eine Prozeßbeobachterin und frühere Mitstudentin von Günter Weigand, nämlich Ulrike Meinhof (sie sollte später als Mitbegründerin der »Rote Armee Fraktion« eine größere Bekanntheit erlangen), hatte in der Zwischenzeit in Berlin angerufen und sich erkundigt, was dort geschehen war. Sie erfuhr, daß Medizinstudenten der Freien Universität auf dem Uni-Gelände mit Handzetteln und Plakaten gegen Selbachs Rolle im Weigand-Prozeß protestiert hatten.

Staatsanwalt Feldmann nahm in scharfen Worten Stellung zu Selbachs Befangenheitserklärung. Mit ihr sei »das Ziel einiger Presseorgane erreicht«. Selbach sei Angriffen und Drohungen ausgesetzt, die man in einer Demokratie nicht für möglich halten sollte.

Der Staatsanwalt tadelte insgesamt die Art der Berichterstattung als Einflußnahme von außen auf einen Gehilfen des Gerichts. Diesen Dingen müsse ein Ende gesetzt werden. Es sei unzumutbar für Selbach, noch weiter hier aufzutreten, unter dem Druck der Straße – »oder der Druckerschwärze«.

Auch die Verteidigung konnte sich eine Stellungnahme zu Selbachs »erschütternder Erklärung« nicht versagen. Rechtsanwalt Falk tadelte die Apostrophierung des Gerichts als »Unternehmen«, aus dem man »aussteigen« könne. Er selbst würde befürchten, sich einem ehrenrechtlichen Verfahren auszusetzen, falls er sich je solcher Redewendungen bedienen sollte.

Selbachs Ausstieg blieb jedoch nicht der einzige Eklat an diesem Gerichtstag. »Das Gericht nimmt Veranlassung, den Prozeßbeteiligten folgendes mitzuteilen«, erklärte der Vorsitzende nach einer Verhandlungsunterbrechung. »Ich bekam soeben von einem Justizwachtmeister die Mitteilung, daß meine Frau in höchster Aufregung hier im Landgericht erschienen sei. Sie sei angerufen worden, daß ich erschossen worden sei. Ich habe soeben meine Frau angerufen. Sie hat mir erklärt: Es ist angerufen worden und jemand hat gesagt: 'Sie müssen sofort zum Gericht kommen – Ihr Mann ist von Dr. Weigand erschossen worden!' Dieser Mitteilung habe ich keine weitere Erklärung hinzuzufügen«, schloß Richter Möllers.

Am 29. Januar 1965, dem dritten Tag des Verfahrens, verkündete der Vorsitzende zwei Beschlüsse: »Der Beschluß über die Anordnung der einstweiligen Unterbringung von Dr. Weigand bleibt aufrecht erhalten.« Nach Meinung des Gerichts stelle der Beschuldigte immer noch »eine Gefahr für die Öffentlichkeit« dar. Und: »Auf Antrag der Verteidigung wird eine erneute Begutachtung Dr. Weigands angeordnet. Zu Sachverständigen werden die Professoren Dr. Walter Ritter von Baeyer und Dr. Hans-Joachim Rauch von der Universität Heidelberg bestellt.«

Das Gericht vertagte sich bis zum Abschluß der neuen Gutachten.

Weigand wurde in die Justizvollzugsanstalt Heidelberg verlegt.

In der »Süddeutschen Zeitung« (vom 31.1.65) kommentierte Dr. jur. Müller-Meiningen jun.: »Wir wollen dem Ergebnis des Prozesses nicht vorgreifen. Aber es ist wieder einmal sinnfällig geworden, wie leicht man Unbequeme auf dem Wege über das Irrenhaus zur Strecke bringen kann. Den Fall Blomert aber wird wohl niemand mehr klären.«

Erst am 4. Mai 1965 wurde der Prozeß gegen Günter Weigand fortgesetzt – diesmal allerdings als Strafverfahren.

»Ich bin der Ankläger«

Die Heidelberger Psychiatrie-Professoren Ritter von Baeyer und Rauch, die Weigand einige Male im Gefängnis aufsuchten, kamen in einem Vorabgutachten zu der Erkenntnis, daß Weigand voll zurechnungsfähig sei. Weigand wurde, gegen eine Kaution von 3000 DM, vorläufig aus der Haft entlassen. Mit Beschluß vom 9. April 1965 wandelte die II. Große Strafkammer des Landgerichts Münster das Sicherungsverfahren gegen Weigand in ein Strafverfahren um. Ulla Blomert und Gustav Krabbe wurden als Nebenkläger zu diesem Verfahren zugelassen.

Am 4. Mai 1965 begann der zweite Weigand-Prozeß. Die Anklageschrift umfaßte 29 Straftaten, von falschen Anschuldigungen, Beleidigungen, üblen Nachreden, Hausfriedensbruch, Widerstand gegen die Staatsgewalt, versuchter Körperverletzung bis zu Beamtennötigung. »Kriminelle Richter«, »krimineller Oberbürgermeister«, »Justizstrolche«, »Mietwucherer«, »Mörder auf Raten«, »Blödmänner«, »senile Dummköpfe« – so und ähnlich hatte Weigand seine Gesprächs- und Briefpartner genannt. Nicht alle, aber die meisten Injurien bezogen sich auf den Fall Blomert.

Wie er das Verfahren sah, gab Weigand gleich nach der Verlesung der Anklageschrift zu verstehen: Er freue sich, als strafrechtlich voll verantwortlicher Mensch vor Gericht zu stehen. Es habe ihm ferngelegen, irgendjemanden zu beleidigen. Erst als sein höflicher Ton nichts fruchtete, habe er eine härtere Sprache angewandt. Und als man ihn als Geisteskranken diffamiert habe, sei er in die Öffentlichkeit gegangen: »Die Härte meiner Ausdrücke mußte ich notgedrungen von Mal zu Mal steigern, weil weder Justizbehörden noch parlamentarische Körperschaften gehandelt haben.« Im übrigen sei dies ein Verfahren mit vertauschten Rollen: »Angeklagt ist der Ankläger. Ich bin der Ankläger.«

In der Vernehmung zur Person sparte er nicht mit Zitaten, die sein Selbstverständnis charakterisierten. Etwa: »Der Christ soll das Salz der Erde sein!« Und: »Demokratie nährt sich vom Widerstand derer, die unten leben.« In Anlehnung an ein Wort von Sokrates sah er sich als »Stechfliege«: »Jede Behörde braucht solche 'Stechfliegen', auch die Justizbehörde.«

Bereits am zweiten Verhandlungstag brachte Rechtsanwalt Falk, entgegen dem Prozeßfahrplan, den Fall Blomert ins Spiel. Als Anlaß diente ihm der Befangenheitsantrag gegen einen der beisitzenden Richter, Gerichtsassessor Segger. Segger hatte in einem Zivilverfahren mitgewirkt, in dem das Gericht die These, daß Blomert Selbstmord begangen habe, als gesichert angenommen hatte.

Über zwei Stunden referierte Falk und griff dabei Sachverständige und Ermittlungsbehörden an: Warum wurde Dr. Tiwisinas Feststellung auf dem Totenschein (»Privater Unglücksfall«) in »Selbstmord« umgewandelt, ohne daß sich der Arzt dagegen wehrte? Warum wurde es versäumt, den Waffenhändler Paul Blomerts zu vernehmen, der die Waffe kurz vorher überholt hatte und eine wesentliche Aussage zur Frage der Geschoßart hätte machen können? Und was war mit den Pflastern am Kopf des Toten, die seine Angehörigen bei der Beerdigung an anderen Stellen gesehen hatten als bei der Exhumierung? Die differierenden Expertenaussagen zum Wundausmaß, der merkwürdige Umstand, daß das Geschoß, durch das Paul Blomert ums Leben kam, nicht bei den Akten liege ... »All diese irritierenden, verwirrenden, einander ausschließenden Feststellungen«, so Falk, »hätten das Interesse der Strafverfolgungsbehörden wecken müssen.«

Auch die Gutachten der Gerichtsmediziner Professor Ponsold und Professor Sachs waren Gegenstand schärfster Kritik durch den Stuttgarter Rechtsanwalt. Ihre Formulierungen »Nahschuß aus kürzester Entfernung« und »keine eindeutig erkennbaren Pulverschmauchspuren« nannte er laienhaft und ungenau. Mit kriminaltechnischer Fachliteratur und Vergleichsfotos von Schießtests begründete Falk, daß der tödliche Schuß »nahezu gewiß aus mehr als 30 Zentimeter Entfernung zwischen Laufmündung und Einschuß« abgefeuert wurde.

Insgesamt listete er 44 Punkte auf, die die Polizei nicht untersucht habe, darunter die Frage nach der Herkunft der merkwürdigen Geräusche, die die Kanzleiangestellten aus der Blomertschen Wohnung gehört hatten. »Ich habe den zwingenden Eindruck, für Kripo und Staatsanwaltschaft gab es keinen Willen, also auch keinen Weg.«

Das Gericht lehnte den Befangenheitsantrag – wie alle anderen, die noch kommen sollten – ab. Und man fuhr fort mit der Vernehmung zur Person des Angeklagten. Günter Weigand schilderte die Rechtsstreitigkeiten im Zusammenhang mit der Scheidung seiner Eltern und seine erste Bekanntschaft mit dem Fall Blomert. Dabei wurde schnell deutlich, daß die angeblich so eindeutigen Beweise für die Ermordung Paul Blomerts, die Weigand vorlegen wollte, falls der Prozeß gegen ihn endlich zustandekomme, so eindeutig nicht waren.

Auf die Frage, wen er denn bei seinen Flugblattaktionen verdächtigt habe, antwortete er: »Ich habe nie eine Person des Mordes bezichtigt.«

Die Vertreter der Staatsanwaltschaft und der Nebenkläger hakten nach: Warum Weigand in Flugblatt Nr. 1 geschrieben habe, auch Ulla Blomert sei »eine erfahrene und zielsichere Schützin und Jagdschein-Inhaberin«? Und mit Gustav Krabbe, dem Freund von Frau Blomert, habe er sich sieben Stunden unterhalten. Genau jene »sieben Stunden« tauchten an anderer Stelle auf, als er in einem Gespräch mit Münsters Polizeidirektor äußerte, er würde den Täter kennen, er hätte sieben Stunden mit ihm gesprochen.

Aber Weigand wollte weder bestätigen noch dementieren, daß er Ulla Blomert und Gustav Krabbe des Mordes verdächtige.

Doch Staatsanwalt Feldmann hatte noch einen Trumpf im Ärmel. In Köln, bei Professor de Boor, habe er laut dessen Gutachten auf die Frage, wer der Täter sei, versichert, er habe viele Anhaltspunkte, und sie deuteten auf »die Witwe und ihren Freund« hin.

Weigand dazu: »Herr Professor de Boor, Sie werden mir sicher bestätigen, daß ich Sie wiederholt gebeten habe, Unrichtigkeiten im Protokoll dieser Unterhaltung zu berichtigen, das letztemal gestern.«

Der Vorsitzende wollte wissen, ob mit den Flugblättern ein Verdacht gegen Gustav Krabbe ausgedrückt werden sollte.

»Wieso?« antwortete Weigand. »Der Verdacht bestand doch längst, wie die zweitägige Haft auf Veranlassung des Amtsrichters Gall gezeigt hat.«

Jetzt wünschte Oberstaatsanwalt Quade eine präzise Antwort auf die Frage, wer denn alles nach Dr. Weigands Ansicht verdächtig sei.

»Tatverdächtig sind für mich alle, die am Tatort waren, und wenn es der Fensterputzer oder der Milchmann gewesen wären. Der Beteiligung verdächtig sind alle, die anschließend kamen.«

Das klang nach Ausflüchten. Der selbsternannte Ankläger blieb schuldig, was er früher mit starken Worten angekündigt hatte.

Als er beispielsweise sagen sollte, mit welchen Mitteln Oberbürgermeister Peus die »Mordverschleierung geleitet« habe, wollte er dazu »keine Erklärung abgeben«. Erst auf hartnäckige Nachfragen sagte er schließlich:»Mordverschleierung insofern, als man versucht hat, mich nach Marienthal (eine psychiatrische Klinik in Münster, J.K.) zu bringen.«

»Dazu gebe ich keine Erklärung ab« und »Heute ist es dazu noch zu früh« waren Weigands Standardsätze auch an den folgenden Verhandlungstagen, wenn er nach Hinweisen auf eine Fremdtötung Paul Blomerts gefragt wurde.

So stark die Verteidigung aufgetrumpft hatte, als es um die psychiatrischen Gutachten ging, so schwach wirkte sie jetzt, als die Verhandlung in der Sache geführt wurde. Noch bauten Weigand und seine Rechtsanwälte auf die Zeugen und Sachverständigen, deren Liste von Tag zu Tag länger wurde. Ursprünglich auf 34 Verhandlungstage geplant, wuchs sich der Weigand-Prozeß zu einem Mammutverfahren aus, das 122 Sitzungstage und beinahe ein Jahr dauerte.

Zeugen der Anklage

»Schmal und mit auffallend bleichem Gesicht unter dem breitrandigen blauen Hut hatte Ulla Blomert (42) in marineblauem Kostüm den Saal betreten. Ruhig und sachlich, streng konzentriert machte sie ihre Aussagen, und lediglich bei der Schilderung der entscheidenden Minuten in ihrer Wohnung am 25. August 1961 war ihrer Stimme die Erregung anzumerken.« (WN, 23.6.1965)

Die wichtigste Zeugin der Anklage sorgte für die erste große Überraschung im Prozeß. Freimütig gestand sie ein langjähriges Verhältnis zu einem anderen Mann, das sie neben ihrer Ehe geführt hatte. Doch nicht der von allen (auch von ihrem Ehemann) vermutete Kandidat Gustav Krabbe war der Partner dieser Affäre, sondern ein Autohändler aus Hiltrup namens Anton Kuhlmann.

»Ich sah nicht, daß ich mich verrannt hatte«, sagte Ulla Blomert. »Ich merkte zu spät, daß er zahlreiche Amouren hatte. Ich glaube nicht einmal, daß er sie aufzählen könnte. Und da habe ich mir gesagt: Du hast Dich vergaloppiert. Es ist besser, Du gehst wieder zu Deiner Familie zurück. Und dann habe ich abgebrochen.«

Anton Kuhlmann, ein Mann, der wirkte, »als sei er einem Sportmagazin entsprungen« (WN), hatte den Abbruch ihrer Beziehung an Weihnachten 1960 anders in Erinnerung: Da sei ein anderer Mann im Spiel gewesen.

Auch der Vorsitzende wollte es jetzt ganz genau wissen: »Haben zwischen Ihnen und Herrn Krabbe ehewidrige oder ehebrecherische Beziehungen bestanden?« fragte er Ulla Blomert.

Doch Ulla Blomert verneinte. Nie und niemals hätten solche Beziehungen bestanden. Nicht das kleinste Fitzchen wäre gewesen. Keinerlei Zärtlichkeiten. Noch nicht einmal ein Bruderschaftskuß ...

Bestritten wurde von Ulla Blomert auch ein Telefongespräch, das Anton Kuhlmann bei seiner Aussage erwähnte. Am 19. August 1961, sechs Tage vor Paul Blomerts Tod und nachdem er ein halbes Jahr nichts mehr von ihr gehört habe, habe ihn Ulla überraschend angerufen. Kuhlmann konnte ihre Worte nur sinngemäß wiedergeben: »Sie sagte, falls irgendwas kommt, kannst Du ruhig die Wahrheit sagen. Ich muß dann wohl gefragt haben, ob sie sich scheiden lassen wollte. Und dann hat sie wohl gesagt, das wird sich in den nächsten Tagen entscheiden.«

Auch eine Gegenüberstellung vor Gericht brachte keine Klärung. Anton Kuhlmann: »Ich bleibe bei meiner Aussage – sie hat mich angerufen.« Ulla Blomert: »Ich habe ihn nicht angerufen.«

Gustav Krabbe stritt ebenfalls energisch ab, ein Verhältnis mit Ulla Blomert gehabt zu haben. Niemals habe er sich mit ihr allein verabredet und Blomert Grund zur Eifersucht gegeben. Krabbe berichtete, im Spätherbst 1960 habe Blomert seiner Frau erstmals einen Abschiedsbrief geschrieben, ihr Lebewohl gesagt und gedroht, er fahre gegen einen Baum.

Am 30. Dezember 1960 sei Ulla Blomert dann mit blauen Flecken im Gesicht zu ihm, Krabbe, geflüchtet. Damals habe sie sich scheiden lassen wollen, weil ihr Mann sie geschlagen habe. Einen Tag später, Silvester 1960, habe Blomert auf der Jagd von Selbstmord geredet und am Abend, während der Silvesterfeier, zu Krabbe gesagt: »Diese Feier verdanke ich Dir. Wenn Du mich heute morgen nicht angerufen hättest, wäre vielleicht ein Unglück passiert.«

Das zu diesem Zeitpunkt noch gute Verhältnis zwischen Krabbe und Blomert verschlechterte sich schlagartig nach den

Ereignissen im Kleinwalsertal, als Blomert Mutmaßungen über ein Verhältnis zwischen seiner Frau und Gustav Krabbe äußerte und wüste Drohungen ausstieß. Danach, so Krabbe, habe Blomert nicht mehr wie ein normaler Mensch reagiert. Trotzdem warf er sich vor: »Wenn ich damals mit letzter Konsequenz Blomerts seelische, geistige und gesundheitliche Verfassung gekannt hätte, wäre ich nicht so hart zu ihm gewesen.«

Eine Beteiligung an einem eventuellen Mord an Paul Blomert wies Gustav Krabbe zurück. Und immerhin gab es Zeugen – wie den Techniker Rolf Döbbeler und die Hausfrau Agnes Dirksmeier –, die vor Gericht aussagten, daß Krabbe zu Hause im Bett gelegen habe, als der Anruf von Ulla Blomert eintraf. Döbbeler: »Am Tage, als Blomert starb, saß ich gerade im Hauptbüro, als das Telefon klingelte. Es war so zwischen 13 und 14 Uhr. Am Apparat war Frau Blomert. Sie verlangte die Wohnung der Eheleute Krabbe. Aufgrund der erregten Stimme sagte ich, nachdem ich verbunden hatte, zu der hinter mir stehenden Frau Dirksmeier: 'Da muß was passiert sein.' Kurze Zeit später sah ich dann Herrn Krabbe über die Straße laufen und in den Wagen einsteigen.«

Für andere bis dahin mysteriös erscheinende Ereignisse fanden sich im Laufe der Gerichtsverhandlung natürliche Erklärungen. So etwa für die Frage, warum bei der Exhumierung die Geschäftskarte eines fremden Beerdigungsinstituts in Blomerts Sarg gefunden wurde. Josef Kaltmeier, Angestellter des Instituts Michaelis, sagte aus, während der Fahrt vom Gerichtsmedizinischen Institut zum Friedhof sei die Sargdecke verrutscht, und um sie wieder gerade zu drapieren, habe er aus einem Papierkorb in der Leichenhalle des Friedhofs Lauheide etwas Papier genommen und unter die Decke gesteckt. Da müsse »die Karte wohl zwischen gewesen« sein.

Josef Kaltmeier erkannte auch, wie sein Chef Michaelis, die bei der Exhumierung sichergestellten Sargschrauben als die von ihnen bei der Beerdigung verwendeten wieder. Schrauben mit diesen Beschlägen würden in Münster nur an ihr Institut geliefert.

Der Zeuge Klaus Heinemann, Angestellter beim Gerichtsmedizinischen Institut, löste das Rätsel der Pflaster am Kopf des toten Paul Blomert: »Gemeinsam mit einem Arzt habe ich beim Einsargen noch mehrere Pflaster geklebt, um die Nachblutungen am Kopf des Toten zu verdecken.« Das sei schon deswegen erforderlich gewesen, da die Leute des Beerdigungsinstituts die Meinung vertreten hätten, daß die Leiche sonst nicht aufgebahrt werden könne.

Und schließlich führte Ingelore Dütschke, die Nachbarin der Blomerts, die Ostern 1962 beobachteten Grabveränderungen auf eine relativ einfache Ursache zurück: Sie selber habe gemeinsam mit Frau Blomert Veränderungen vorgenommen – Moos angepflanzt und Stiefmütterchen umgepflanzt.

Zeugen der Verteidigung

»Ja, in Nordwalde munkeln'se wohl öfter was«, sagte Maria Blomert, Ehefrau von Ludger Blomert und Schwägerin des toten Blomert.

In Nordwalde hatte die Mordtheorie ihren Anfang genommen. Ohne das Gemunkel in Nordwalde hätte es keine roten Flugblätter und keinen Prozeß gegen Günter Weigand gegeben. Er solle einen Prozeß herbeizwingen, dann würde die Wahrheit schon auf den Tisch kommen, hatten sie ihm versprochen. Doch jetzt, wo der Prozeß endlich stattfand, wo sie

»Butter bei die Fische« hätten geben müssen – da wußten sie es plötzlich nicht mehr so genau.

Damals hatte Ludger Blomert, ein Bruder von Paul, Weigand eine »Erklärung, die auf Aufforderung vor Gericht beeidet wird« unterschrieben, in der stand, daß er Gustav Krabbe »unmißverständlich den Mörder meines Bruders genannt« habe. Drei Jahre später, vor Gericht, war sich Ludger Blomert nicht mehr so sicher. Es könne vielleicht sein, daß er Gustav Krabbe »so oder so« mitschuldig genannt habe. Und vor allem habe er niemals gesagt, er werde dies auf »Aufforderung vor Gericht beeiden«. Ganz im Gegenteil – er habe Dr. Weigand gesagt, mit dem Gericht wolle er nichts zu tun haben.

Immerhin gab Ludger Blomert zu, daß ihm der Selbstmord seines Bruders verdächtig vorgekommen sei. Doch die Gründe, die er dafür nannte, wirkten jetzt fast lächerlich: Weil er am Kopf seines toten Bruders drei Pflaster gesehen habe, die Beerdigung angeblich früh hätte stattfinden sollen, die Leiche nicht einmal drei Tage über der Erde gestanden habe und im übrigen das ganze Begräbnis möglichst still vonstatten gehen sollte. »Für all das aber, was dann später dabeigemacht worden ist – dafür hafte ich nicht«, distanzierte sich Ludger von den Erklärungen seines Bruders Clemens wie auch von den Flugblättern Günter Weigands.

Und als der Vorsitzende noch einmal auf Gustav Krabbe und dessen Rolle bei dem angeblichen Mord zurückkam, verweigerte Ludger Blomert die Aussage: »Damit meine Familie nicht in Not gerät.«

Blomert-Schwager Heinrich Beer war zwar auch vor Gericht noch davon überzeugt, daß sein Schwager nicht von eigener Hand ums Leben gekommen sei, hielt den Inhalt der Flugblätter aber für »etwas krass«. Und Schwager Pennekamp konnte sich nicht erinnern, daß jemand ein Pflaster vom Kopf des toten Blomert lösen wollte oder daß er gar Bruder Ludger davon abgehalten habe.

Einzig Clemens Blomert stellte sich hinter die Aktionen Günter Weigands, den er persönlich in den Fall hineingezogen hatte. Vor Gericht, sozusagen als »Kronzeuge« der Verteidigung, blieb er dabei: »Sie haben ihn umgebracht.«

Doch auf Nachfrage, wer denn mit »sie« gemeint sei, wich Clemens Blomert aus: »Ich weiß es nicht. Ich möchte mich auch nicht festlegen.« Er wolle lieber die Auskunft verweigern, um bloß kein Risiko einzugehen. Im übrigen habe er schon immer gesagt: »Wer's gemacht hat, weiß ich nicht – ich weiß nur, daß er umgebracht worden ist.«

Rechtsanwalt Lühn, Vertreter der Nebenklägerin Ulla Blomert, wollte es in bezug auf seine Mandantin genau wissen: Ob er Ulla Blomert für die Mörderin halte?

Clemens Blomert antwortete: »Nein. Aber sie ist in der Wohnung gewesen und müßte wissen, wer es gewesen ist.« Und seiner Ansicht nach müßten es wenigstens zwei Personen gewesen sein.

Rechtsanwalt Lühn: »Haben Sie sich irgendeine Vorstellung gemacht, wer diese Personen gewesen sein könnten?«

»Nein.«

Ob er als mutmaßliche Täter bestimmte Personen im Auge gehabt habe?

Clemens Blomert: »Ich beantworte diese Frage nicht.«

Dafür stellte er eine »Arbeitshypothese« auf, wie sein Bruder ums Leben gekommen sein könnte: Paul Blomert saß im Sessel und wurde von hinten niedergeschlagen. Dann schleppte man den Bewußtlosen ins Schlafzimmer, wo er erschossen wurde. Und zwar mit einem Schuß von oben in den Kopf, um die Schlagverletzung zu tarnen, und mit einem zweiten Schuß vom rechten Ohr quer durch den Kopf.

Womit man wieder bei den Pflastern angelangt war, die angeblich mehrere Ein- und Ausschüsse verdeckt hatten. Staatsanwalt Feldmann hielt dem Zeugen einen Brief vor, den dieser an den Generalstaatsanwalt geschrieben hatte und in dem es hieß: Sie (die Verwandten, J.K.) hätten bei der Besichtigung der Leiche in der Sargkammer eine Wunde über dem Oberkiefer und eine an der linken Stirn gesehen.

»Haben Sie diese Wunden wirklich gesehen?« fragte der Staatsanwalt.

»Gesehen nicht – gesehen haben wir nur die Pflaster.«

Worauf sich der Vorsitzende einschaltete: »Wenn Sie Pflaster meinen, Herr Zeuge – dann können Sie doch nicht einfach von Wunden schreiben. Das ist ja fast nicht vorstellbar. Diesen Unterschied kennt doch beinahe ein zehnjähriges Kind.«

Und der Zeuge Clemens Blomert mußte zugeben: »Das war ein Irrtum meinerseits.«

Dann ging es um die Veränderungen am Grab. Die seien so deutlich zu sehen gewesen, daß er, Clemens Blomert, eines Tages mit einer dünnen Eisenstange gebohrt habe, um zu prüfen, ob der Sarg überhaupt noch im Grab war. Er war es.

»Sind Sie denn heute noch der Meinung, daß der Sarg Ihres Bruders ausgegraben wurde?« fragte der Vorsitzende.

Clemens Blomert: »Ja, natürlich. Wie könnten denn sonst die Pflaster verändert gewesen sein? Vorher waren ja beide Augen geöffnet gewesen. Und hinterher (bei der Exhumierung, J.K.) war das linke verklebt.«

Im übrigen hatte Clemens Blomert bei der Beerdigung als einziger vier Pflaster gesehen, die anderen Blomert-Verwandten nur drei, deren genaue Position sie vor Gericht (wie nach der langen Zeitspanne nicht anders zu erwarten) unterschiedlich beschrieben.

Clemens Blomert war bereits der 94. Zeuge im Weigand-Prozeß, und auch er vermochte es nicht, dem Verfahren die von Weigand erhoffte Wendung zu geben, es in einen Mordprozeß Blomert zu verwandeln. Die entscheidende Frage »Können Sie eine einzige Tatsache außer den hier bisher mündlich und schriftlich vorgetragenen dafür benennen, daß Ihr Bruder ermordet wurde?« beantwortete er reichlich einfältig: »Das ist ja eine komische Frage, kann ich nur sagen.« Und nach kurzem Überlegen fügte er hinzu: Es sei schon möglich, daß er einige Tatsachen nennen könne – »aber die fallen mir gerade nicht so ein«.

So konnte Rechtsanwalt Lühn, Vertreter von Ulla Blomert, triumphieren: »Die Herren haben das Verfahren herausgefordert – und nun schweigen die Ankläger.«

Aber noch etwas anderes wurde bei der Aussage von Clemens Blomert deutlich: Der münstersche Autosattler war nicht nur von brüderlichen Gefühlen, sondern auch von finanziellen Interessen getrieben worden. Einem ausländischen Journalisten hatte Clemens Blomert die Urheberrechte am »Fall Blomert-Weigand« übertragen, einschließlich Buchveröffentlichung, Theateraufführung und Verfilmung. Aus dem Erlös der Rechte sollte der Blomert-Bruder 40 Prozent erhalten.

Und auf die Frage des Vorsitzenden, was er denn sonst noch – außer der Aufklärung des Mordes an seinem Bruder – mit der Einschaltung Dr. Weigands erreichen wollte, antwortete Clemens Blomert: »Daß wir 'ne Kontrolle über das Geld der Kinder bekämen.«

Am 16. August 1965, mehr als drei Monate nach Beginn des Prozesses, gab Günter Weigand eine 51-Punkte-Erklärung ab, in der er seine Mord-These aufrecht erhielt und den bisherigen Verlauf der Verhandlung kommentierte.

Es sei evident geworden, sagte Weigand, daß sich »aus Anlaß des Blomertschen Gewalt-Todes vorher und nachher etliche suspekte Dinge ereignet haben«. Weiter sei erwiesen, daß der Fall Blomert in der Staatsanwaltschaft Münster »einige suspekte Aspekte« habe. Und drittens könne nicht übersehen werden, daß die münstersche Gesellschaft, »soweit sie sich in der Presse artikuliert«, äußerst interessiert daran sei, daß diese beiden bisherigen Verhandlungsergebnisse nicht zur Sprache kämen.

Die Vernehmung der rund hundert Zeugen, fuhr der Angeklagte fort, sei »überwiegend unergiebig« gewesen. Das liege nach seiner Meinung unter anderem daran, daß die meisten Zeugen Angst hätten, selbst in ein Strafverfahren verwickelt zu werden oder Unannehmlichkeiten zu bekommen. Auch ein »gewisser Einschüchterungseffekt durch die Art der Befragung und die nicht selten zynisch lächerlich machende Prozeßberichterstattung in den Ortszeitungen Münsters« hätten dazu beigetragen, daß die Zeugenvernehmungen wenig Greifbares ergeben hätten. »Zu tief scheint die Bauernweisheit eingewurzelt, daß man gegen einen Misthaufen nicht anstinken kann und es daher zwecklos und existenzgefährdend ist, sich mit Fehlentscheidungen der Behörden, besonders der Justiz, auch nur anzulegen«, sagte Weigand.

Die Schrift- und Schießexperten

Die drei Schriftsachverständigen, die ihre Gutachten über die Abschiedsbriefe von Paul Blomert vortrugen, waren zunächst unterschiedlicher Meinung.

Der Graphologe Bruno Klaassen aus Hildesheim, der sein Gutachten bereits 1962 im Auftrag von Clemens Blomert angefertigt hatte, blieb bei seiner Meinung, daß eine Echtheit des Briefes nicht nachzuweisen sei. Klaassen stellte bei Blomerts

Schrift eine ungeheure Variationsbreite fest. Die verschiedenen Formen, in denen gleiche Buchstaben und Buchstabengruppen aufträten, ließen sich unmöglich voll ausschöpfen. Klaasen zog daraus den Schluß, es müsse leicht gewesen sein, Paul Blomerts Schrift zu fälschen, da »irgendwie doch alles hineinpaßt«.

Der Münchner Diplom-Psychologe und Graphologe Germanus Gundlich meinte dagegen, die Abschiedsbriefe seien mit »großer Wahrscheinlichkeit echt«, wenn auch nicht völlig in Abrede gestellt werden könne, daß »sie gefälscht worden sind«. Den Echtheitsgrad der Schriftmerkmale bezifferte Gundlich mit 90 Prozent, die fehlenden zehn Prozent ließen sich jedoch durch psychologische Momente, die den Schreiber beeinflußt hätten, erklären.

Dies führte zu einem Streit der Experten. Klaassen hielt es für unangebracht, bei einem reinen Schriftvergleich psychologische, pychoanalytische oder psychopathologische Momente des Schreibers zu berücksichtigen. Wissenschaftlich unhaltbar, konterte der Psychologe Gundlich.

Der dritte Experte, Wilhelm Kappen vom Bundeskriminalamt, schlug sich auf die Seite von Gundlich. Bei seinem Vortrag vor dem münsterschen Landgericht kritisierte er zunächst den Sachverständigen Klaassen. Dessen Methode, einzelne Buchstaben zu vergleichen, sei ein »rein mechanisches Verfahren« und in der Graphologie »vor der Jahrhundertwende« üblich gewesen. Nach Kappens Ansicht war es völlig ausgeschlossen, daß die beiden umstrittenen Briefe von Ulla Blomert geschrieben worden seien: »Zweifellos sind die beiden Abschiedsbriefe Blomerts urheberidentisch mit Schriftproben des Rechtsanwalts.«

Bruno Klaassen war von der Schelte seiner Kollegen derart beeindruckt, daß er in einem »Ergänzungsgutachten«, in dem er drei weitere, von Paul Blomert im August 1961 geschriebene Briefe vergleichend heranzog, seine Meinung grundlegend änderte. Zur Enttäuschung von Weigand und seiner Verteidiger schloß sich Klaassen der Überzeugung der anderen Schriftsachverständigen an, daß die Abschiedsbriefe echt seien.

Nach den Schriftsachverständigen kamen die Schießsachverständigen zu Wort. Dr. Christfried Leszczynski vom Bundeskriminalamt war zu der Überzeugung gekommen, daß Paul Blomert stehend von einem Schuß getroffen wurde, der, wie Leszczynski anhand von chemisch-physikalischen Untersuchungen festgestellt hatte, aus nur wenigen Zentimetern Entfernung abgefeuert worden war. Obwohl der Schuß die linke Oberlippe und das linke Nasenbein nur gestreift habe, seien Schmauchspuren und Bleirückstände im Inneren der Mundhöhle nachzuweisen gewesen.

Allerdings gestand Leszczynski gewisse Unsicherheiten des Untersuchungsergebnisses ein, die sich darin begründeten, daß die Leiche erst nach 15 Monaten und in schon verwestem Zustand obduziert und sie nicht in der ursprünglichen Lage im Tatzimmer, sondern erst in gewaschenem Zustand im Gerichtsmedizinischen Institut fotografiert worden war. Dadurch, kritisierte der Bundeskriminale indirekt seine münsterschen Kollegen, seien wichtige Spuren verlorengegangen.

Die nachträgliche Untersuchung eines solchen Falles bezeichnete der Sachverständige als Puzzlespiel mit Hunderten von bizarr geformten Teilchen. Wenn auch einige Stellen leer blieben, lasse das Gesamtbild für ihn nur die Möglichkeiten eines Selbstmordes oder eines Unglücksfalles offen.

Der Schießsachverständige des Bayerischen Landeskriminalamtes, Dr. Adolf Schöntag, schloß in seinem Gutachten ebenfalls einen Mord an Blomert aus. Für einen Unfall sprach nach Meinung von Schöntag, daß der Schuß den Kopf von Blomert praktisch gestreift habe. Vielleicht, so Schöntag, habe sich Blomert überhaupt nicht verletzen wollen. Weiter ließ der Experte die Möglichkeit offen, daß sich der Schuß durch eine unbeabsichtigte Erschütterung der Waffe gelöst habe. Bei dem geringen Abzugswiderstand dieses Gewehres sei das ohne weiteres denkbar. Allerdings sei es auch möglich, daß sich der tödliche Schuß bei einem Kampf um die Waffe gelöst habe.

Gegen die letzte These wandte Schöntag jedoch ein, daß bei der von ihm angenommenen Stellung von Blomert (die er an einem 1:10 verkleinerten Modell des Schlafzimmers demonstrierte) keine zweite Person in dem schmalen Gang zwischen Bett und Schrank Platz gehabt habe. Falls man doch von einem Mord ausgehen wolle, müsse der Täter das Gewehr »extrem unnatürlich« gehalten haben.

Der dritte Sachverständige, der Leiter des Wissenschaftlichen Dienstes der Stadtpolizei Zürich, Dr. Max Frei-Sulzer, kritisierte zu Beginn seines Gutachtens die unvollständigen Ermittlungen der Kriminalpolizei. Er führte zwölf Punkte auf, die bei jedem Todesfall mit einer Waffe überprüft werden müßten, im Fall Blomert aber vergessen worden seien. In der Zwischenzeit seien die Ermittlungen zwar nach und nach vervollständigt worden, damals habe man aber wichtige Spuren vernichtet.

Den Kriminalbeamten und der Staatsanwaltschaft warf Frei-Sulzer vor, sie seien bei den Ermittlungen von Anfang an von einem Selbstmord überzeugt gewesen. Aber selbst für einen routinemäßigen Fall sei die Spurensicherung sehr dürftig gewesen.

Trotzdem war auch Frei-Sulzer der Meinung, daß Blomert nicht ermordet worden sei. In Übereinstimmung mit seinen beiden Kollegen sagte er, der Schuß habe Blomert in aufrechter Haltung und aus einem Abstand von nur wenigen Zentimetern getroffen. Die Schußrichtung sei ein wesentliches Indiz für einen Selbstmord oder allenfalls für einen »Selbstunfall«. Das Gesamtspurenbild stehe »in Einklang mit einer Tötung durch eigene Hand«. Gegen einen Mord sprächen zwei Gründe: Erstens seien der Kriminalpolizei keine Spuren eines Kampfes aufgefallen, und zweites sei es unmöglich, das in der Wohnung vorgefundene Spurenbild in kurzer Zeit künstlich anzulegen.

Keinen Erfolg hatte die Verteidigung mit ihrem Antrag, den Kriminalexperten Frank Arnau als zusätzlichen Sachverständigen zu bestellen. Die Staatsanwaltschaft warf Arnau mangelnde Qualifikation und Befangenheit vor, weil er sich in mehreren Zeitungsartikeln kritisch über den münsterschen Prozeß geäußert habe. Staatsanwalt Feldmann zitierte aus einem Arnau-Artikel mit der Überschrift »Die Schande von Münster« die Anfangsworte: »Durch den erschreckend eisige Kälte atmenden, jeglichen menschlichen Gefühls entbehrenden Beschluß der Münsteraner Richter, den Dr. Günter Weigand nunmehr nochmals für eine unbestimmte Zeit in eine geschlossene Anstalt einzuweisen ...«

Im Auftrag der »Humanistischen Union« schrieb Arnau trotzdem ein Gutachten, eine »Zwischenbilanz zum Fall Blomert/Weigand«, die im Herbst 1965 veröffentlicht wurde. Arnau setzte sich darin kritisch mit den Ermittlungen der Kriminalpolizei und den Gutachten der Sachverständigen auseinander. Der Polizei warf er 44 Versäumnisse vor, und bezüglich der Gutachten kam er zu dem Schluß: »Die absolut entscheidende End-Tatsache ist die Feststellung, daß *keiner* der Gutachter, welcher Disziplin er angehören mag, auch nur den allerkleinsten *empirischen Beweis* zur Stützung der Selbstmordtheorie beibringen konnte.« Und: »Wie immer der Münsteraner Prozeß weitergehen mag, *nichts* wird er zur wirklichen, zur wahren, zur echten und zur empirisch beweisbaren und überprüfbaren Feststellung des Tatablaufs in den Mittagsstunden des 25. August 1961 beitragen können.« Arnaus Meinung, die »auf sorgfältigsten Abwägungen aller kriminalistischen und kriminalpsychologischen Argumente« beruhte: »Paul Blomert hat nicht Selbstmord begangen.«

Arnaus Meinung war jedoch nicht prozeßrelevant, und alle ins Gerichtsverfahren eingebrachten Gutachten sprachen ziemlich eindeutig gegen die Mordthese. Da brachte die Verteidigung – unschwer als Rückzugsgefecht deutbar – am 29. September 1965 eine neue Variante ins Spiel: Tötung auf Verlangen.

Rechtsanwalt Falk meinte, Blomert habe beispielsweise mit den beiden ersten Schüssen seine Frau ins Schlafzimmer locken und dann von ihr verlangt haben können, sie solle ihn erschießen. »Als letzten Liebesdienst« habe Frau Blomert ihrem Mann dann den tödlichen Schuß beigebracht.
Auch dafür gab es natürlich keinerlei Beweise.

Trotz vieler Unterstützer und Geldspenden geriet die Verteidigung durch die Länge des Verfahrens in finanzielle Schwierigkeiten. Der Berliner Rechtsanwalt Müller-Voß war bereits vom Gericht zum Pflichtverteidiger bestellt worden, um die Fortsetzung des Verfahrens zu gewährleisten. Nun drohte auch die Wahlverteidigung durch den Stuttgarter Anwalt Falk dem Geldmangel zum Opfer zu fallen.

In dieser Situation, im Oktober 1965, griff der Schriftsteller Heinrich Böll erneut tief in seine Geldschatulle. Er stehe hinter Weigand, und daran habe sich seit dem Beginn des Prozesses nichts geändert, ließ Böll verlauten.

So machte die Verteidigung mit ihrer Strategie weiter, benannte neue Zeugen und verlangte die Bestellung weiterer Gutachter. Am Ende waren 196 Zeugen und 14 Sachverständige vor den Schranken des Gerichtes aufgetreten.

Was den ungeheuren Aufwand anging, hatte Günter Weigand schon vor Prozeßbeginn seine Hände in Unschuld gewaschen. Sowohl dem Landesrechnungshof als auch dem Bund der Steuerzahler hatte der Sozialanwalt angekündigt, daß eine »ungewöhnliche Steuervergeudung« bevorstehe.

In der Schlußphase des Prozesses verfügte Weigand sogar über vier Verteidiger. Der Kölner Rechtsprofessor Ulrich Klug und sein früherer Verteidiger Martin Kriele standen Weigand ehrenhalber zur Seite. Doch auch sie konnten nur herauszögern, aber nicht verhindern, was sich bereits seit längerem abzeichnete.

Das Urteil

Am 25. April 1966, fast ein Jahr nach Beginn des Prozesses, wurde Günter Weigand in 25 Anklagepunkten schuldig gesprochen, zu zwei Jahren Gefängnis und 1100 DM Geldstrafe verurteilt. Zahlreiche Personen, darunter sein eigener Vater Reinhard Weigand, erhielten das Recht, auf Kosten Weigands in bestimmten Zeitungen die sie betreffenden Teile des Urteils zu veröffentlichen.

Härter als die genannten Bestimmungen traf Weigand ein Nebensatz des Urteils: »Die Kosten des Verfahrens trägt der Angeklagte, soweit er verurteilt ist.« Niemand wußte zu diesem Zeitpunkt genau, wie hoch die Gesamtverfahrenskosten waren. In unterschiedlichen Schätzungen kamen Experten auf Summen zwischen vierhunderttausend und zwei Millionen Mark.

Unmittelbar nach Verlesung des Urteils, die 25 Minuten dauerte, erklärte Weigand: »Diese Kosten kann ich ja niemals aufbringen. Was soll ich sonst zu dem Urteil sagen? Ich bin nicht einmal überrascht. Was sollte man in Münster schon anderes erwarten? Es erscheint mir unvermeidbar, Rechtsmittel gegen das Urteil einzulegen. Allein die affektbesetzte Art der Urteilsverkündung zeigt, daß das Gericht nicht unbefangen geurteilt hat.«

Einer seiner Verteidiger, der Kölner Professor Klug, kommentierte zurückhaltender: »Die Schärfe des Urteils überrascht mich. Entlastende Gesichtspunkte sind erstaunlicherweise nicht berücksichtigt worden – zum Beispiel Verbotsirrtum und ein übergesetzlicher Notstand.«

Oberstaatsanwalt Quade war mit dem Urteil rundum zufrieden: »Der Urteilsspruch erscheint rechtlich hervorragend begründet.«

Für die Urteilsbegründung brauchte der Vorsitzende, Landgerichtsrat Norbert Möllers, drei Tage. Und das, obwohl er mit zweihundert Worten pro Minute, wie ein Journalist zählte, eine bemerkenswerte Geschwindigkeit vorlegte.

Einen ganzen Tag verwendete Möllers darauf, ein Charakterbild des Angeklagten zu zeichnen. Es fiel vernichtend aus: »Der Angeklagte hat sich als ein nutzloser Unruhestifter erwiesen, der ethische Motive beschwört und sie zugleich negiert. Er ist eine zwiespältige, unglückliche, abnorme Persönlichkeit mit stark ausgeprägter Neigung zum Rechtsfanatismus. Er fühlte sich in seiner Ich-Bezogenheit als der Herr des Falles Blomert. Die Motive seines Handelns waren: Haß auf die Gesellschaft, in der er als Akademiker keinen Fuß fassen konnte, und Haß auf die Justizbehörden, mit denen er seit Jahren im Kampf lag.«

Die Übernahme des Falles Blomert durch Weigand sei nicht aus »warmem Mitgefühl am Schicksal des Vaters Blomert«

motiviert – wie Weigand immer vorgegeben habe –, sondern Ausdruck eines »nüchternen und hektisch-aggressiven, autokratischen Kampfes gegen die Behörden«. Man müsse wissen, daß gegen Weigand schon vor Beginn seiner Tätigkeit im Fall Blomert sieben Ermittlungsverfahren anhängig gewesen seien. »Mit der Angelegenheit Blomert glaubte er endlich einen Fall zu haben, der ihm die Möglichkeit bot, gegen die Justizbehörden aufzutrumpfen. Das gab seiner Selbstgefälligkeit und seinem Geltungsbedürfnis neue Nahrung.«

In Weigands Flugblattaktionen habe sich seine »demagogische Arbeitsweise« gespiegelt, ein »von Haß geprägtes Zerrbild der Tatsachen«: »Er maßt sich immer wieder eine ihm nicht zustehende Kompetenz an und setzt seine Person und seine Interessen mit denen des Gemeinwohls gleich – eine für Querulanten typische Erscheinung.« Er nehme einfach in Anspruch, jeden anzugreifen. Wer nicht seiner Meinung sei, den bekämpfe er global. »Er stellt seine Person auf ein hohes moralisches Podest, um von dort aus seine Schläge auszuteilen.« Am Ende aber sei er gescheitert »mit seinem vorweggenommenen Triumph, daß alle seine Beschuldigungen wahr seien«.

Das Gericht verkenne keineswegs, betonte der Vorsitzende, daß eine Kritik an der Gesellschaft durchaus legitim sei. »Aber niemand kann allen Ernstes behaupten, daß das, was Weigand tat, als Gesellschaftskritik aufgefaßt werden konnte.« Er habe sich vielmehr in »konzentrierten Unwahrheiten, Entstellungen und Verfälschungen« ergangen. In seinen scharfen Aggressionen und Schimpfworten drücke sich »die abnorme Erlebnisverarbeitung eines zölibatär lebenden Menschen aus«.

Weigand habe niemals in der sozialen Welt Fuß fassen können, sondern statt dessen ein Gefühl des Zurückgesetztseins entwickelt. »Deshalb kam er bald auf die Idee, ein Justizopfer zu werden. Er merkte sehr bald, daß das Etikett 'Justizopfer' sehr viel Zugkraft besitzt und geeignet ist, eigene Fehler und Mängel dahinter zu verbergen.

Weigands Abnormität, attestierte Möllers, sei nicht medizinisch analysierbar, sondern liege auf der juristischen Ebene. Das Gericht sei der Meinung der Gutachter gefolgt: Weigand offenbare zwar ein abnormes Verhalten, aber der Schutz des Paragraphen 51 könne ihm nicht zugestanden werden. »Wenn er will, dann kann Dr. Weigand sich durchaus beherrschen.«

Ausführlich ging Landgerichtsrat Möllers auf den Fall Blomert ein. Das Schwergewicht der Beweisführung habe auf der kriminalwissenschaftlichen und kriminaltechnischen Untersuchung gelegen. Die Würdigung aller Zeugenaussagen sowie die wissenschaftlichen Befunde hätten eindeutig ergeben: »Die Gesamtumstände dieses Todesfalles deuten einwandfrei auf eine Tötung durch eigene Hand hin.«

Dabei unterschlug Möllers, daß alle kriminalwissenschaftlichen Untersuchungen erst durch die Aktionen Weigands zustande kamen. Nur am Rande ließ er sich zu einer milden Kritik der polizeilichen und staatsanwaltlichen Ermittlungsarbeit herbei. Es wäre wünschenswert gewesen, sagte er, wenn alle am Tatort versammelten Personen protokollarisch vernommen und jene zwölf Punkte beachtet worden wären, die der Schweizer Sachverständige Dr. Frei-Sulzer als lückenhaft bezeichnet habe.

Im Gegensatz zu seinen eigenen Worten sprach Möllers anschließend Oberstaatsanwalt Duhme von jeder Pflichtverletzung frei. Punkt für Punkt habe die Hauptverhandlung bestätigt, daß am Tatort die wichtigsten Spuren gesichert worden seien.

Bei der Auswertung dieser Spuren habe sich das Gericht auf einen »kriminalistischen Kern von hohem Aussagewert« stützen können: auf die Befunde, die an der Leiche durch mehrere Ärzte festgestellt worden seien, auf die von der Kripo angefertigten Lichtbilder sowie auf das Ergebnis der Exhumierung. Zweifelsfrei sei festzustellen: »Die Verletzungen bei Blomert rührten von einem einzigen Schuß her.«

Die Schußverletzung sei nach Überzeugung des Gerichts geeignet gewesen, den Tod Blomerts herbeizuführen. »Das vorgefundene Spurenbild hätte niemals künstlich hergestellt werden können«, sagte der Vorsitzende. Ebenso stehe fest, daß ein als Selbstmord getarnter Mord auf Grund der Tatsachenbeweise schlechterdings unmöglich sei. Eine Beteiligung von Frau Blomert sei »ganz unwahrscheinlich«.

Schwerwiegende Anhaltspunkte deuteten einwandfrei auf Selbsttötung: die beiden zusätzlichen Schüsse in die Decke – die in der Kriminalistik als Zauder- oder Demonstrationsschüsse bekannt seien – sowie die Abschiedsbriefe an drei verschiedene Personen. »Für die Entscheidung dieses Gerichtes aber ist es im letzten belanglos gewesen, ob möglicherweise eine schicksalhafte Fügung dem Selbstmord Blomerts zuvorgekommen ist.«

Alle wesentlichen Feststellungen der wissenschaftlichen Kriminalistik und auch der Gerichtsmediziner seien durch die Aussagen von Ulla Blomert und dem Ehepaar Krabbe nur bestätigt worden. Auch ohne deren Aussagen wäre das Gericht zu der gleichen Feststellung gekommen. »Die Verteidigung irrt«, erklärte Landgerichtsrat Möllers, »wenn sie meint, daß in diesem Prozeß Mordverdächtige die einmalige Chance gehabt hätten, sich freizuschwören. Alle Kombinationen, die angestellt wurden, haben sich als völlig haltlos erwiesen.« Wenn der Kriminalschriftsteller Frank Arnau behaupte, Blomert müsse die Arme eines Gorillas gehabt haben, wenn er sich selbst einen solchen Schuß habe beibringen wollen, so müsse das Gericht dazu feststellen: »Diese Behauptung von Herrn Arnau ist ein törichtes, unverantwortliches Gerede.«

Die Aussagen von Frau Blomert hätten sich »mit natürlicher Selbstverständlichkeit« in das übrige Beweisbild eingepaßt und das Gericht voll überzeugt. In gleicher Weise könne den Angaben des Ehepaares Krabbe Glaube geschenkt werden. »Sie verfügten ohnehin über ein unangreifbares Alibi, und auch einer Mordverschleierung haben sie sich nicht schuldig gemacht: Hier war nämlich gar kein Mord geschehen.«

Die nach dem Tode Blomerts veröffentlichten Publikationen hätten zum Teil erhebliche Verwirrungen hervorgerufen. Sie seien für die Betroffenen von schwerwiegendem und kaum wieder gutzumachendem Nachteil gewesen. Die wehrlosen Zeugen hätten Angriffe hinnehmen müssen, die ihre Würde und Ehre zutiefst verletzt hätten und mit dem Schutz der Menschenrechte unvereinbar seien.

In diesem Zusammenhang befaßte sich der Vorsitzende mit Weigands Flugblättern. Die darin enthaltenen Behauptungen seien »haltlos, eine üble Nachrede, Gerüchte, Unwahrheiten, Halbwahrheiten und zum größten Teil bewußte Entstellungen« gewesen. Diese habe Weigand völlig kritiklos zu feststehenden Tatsachen umgeformt und dadurch die Leser bewußt irregeführt. In Wahrnehmung berechtigter Interessen sei eine sachliche Kritik an Behörden und Gerichten durchaus gerechtfertigt. Diese Frage aber könne nicht an einem »psychopathisch-neurotischen Querulanten« gemessen werden, sondern nur an einem normalen, vernünftigen Menschen. Die unglaubhaften Behauptungen Weigands in seinen acht Flugblättern offenbaren deutlich, daß diese Voraussetzung bei ihm nicht gegeben sei.

So sprach Möllers nebenbei auch Oberbürgermeister Peus frei, der vor dem Rat der Stadt Münster Weigand als »partiell geisteskrank« bezeichnet hatte. Nach allem, was sich Weigand bis dahin geleistet habe, meinte Möllers, habe Peus durchaus in Wahrnehmung berechtigter Interessen gehandelt. Der Eindruck, daß es sich bei Weigand um einen Psychopathen handelte, sei nicht durch den »stechenden Blick«, den der Gutachter Dr. Anton festgestellt habe, entstanden, »sondern wegen der vielen haltlosen Beschimpfungen und Behauptungen Weigands«.

Im übrigen müsse immer wieder festgestellt werden: Weigands Verunglimpfungen und unwahre Behauptungen müßten im Gesamtzusammenhang gesehen werden – erst dann werde ihre Tragweite sichtbar. Er habe mehrere Male Ulla Blomert und Gustav Krabbe so unmißverständlich als mordverdächtig hingestellt, daß das Gericht ihm nicht abnehmen könne, »er hätte in keiner Weise jemanden verdächtigen wollen«.

Gestützt auf »Gerüchte und Familientratsch« habe Weigand immer wieder leichtfertig die unglaublichsten Behauptungen aufgestellt. »Wer das tut, der handelt verantwortungslos.« Selbst dann, wenn die Strafverfolgungsbehörden in irgendeiner Weise pflichtwidrig gehandelt hätten, gelte der Grundsatz: »Der Ehrenschutz Unschuldiger hat auch dann den Vorrang.« Und: »Jeder, der einen anderen in seiner Ehre verletzt, soll wissen, daß er das nur dann tun kann, wenn er die aufgestellten Behauptungen in vollem Umfang beweisen kann.« Genau das aber habe der Angeklagte nicht vermocht.

Eine ethische Gesinnung sei bei Weigand nicht zu erkennen. »Das Vokabularium des Angeklagten läßt vielmehr eine Gesinnung erkennen, die den ethischen Anforderungen, auf die er sich stets berufen hat, geradezu ins Gesicht schlägt.« Weigand habe »in blinder Wut gehandelt – niederträchtig und gemein. Was er getan hat, zeugt von einer erschreckenden Skrupellosigkeit.«

Angesichts solcher »verwerflichen Methoden« sah sich Landgerichtsrat Möllers außerstande, mildernde Umstände zu erkennen. Gewiß, Weigand sei den Gerüchten seines »Kampfpartners« Clemens Blomert erlegen, und möglicherweise hätten die Behörden nicht genügend Geduld und Nachsicht gezeigt, um ihn von der Selbsttötung Blomerts zu überzeugen. Auch habe sich sicherlich unheilvoll ausgewirkt, daß Amtsgerichtsrat Gall und Rechtsanwalt Schalk wohl ebenfalls an einen Mord geglaubt hätten. Aber: Dr. Weigand sei es gewesen, der »seine Opfer rücksichtslos als Mörder hinstellte«.

Beim Strafmaß müsse berücksichtigt werden, daß Weigand »die schwerwiegendsten Vorwürfe erhoben hat, die man einem anderen machen kann: ein Mordverdächtiger oder ein Mordverschleierer zu sein«. Wenn ein Einbrecher beim dritten Male mit zwei Jahren Zuchthaus bestraft werde, dann müsse man in diesem Fall sagen: »Die Ehre unschuldiger Menschen verdient mindestens den gleichen Schutz wie materielle Güter.«

Durch Weigands Anschuldigungen sei ein Schaden entstanden, »dessen Wiedergutmachung schier unmöglich erscheint«. Man solle nur einmal daran denken, »was die Familien der Betroffenen, einschließlich der Kinder, an Angst, Leid und Schmähungen in dieser Zeit erdulden mußten«. Seit Jahren hätten sie an einem furchtbaren Schicksal zu tragen. »Das muß allein der Angeklagte vor seinem Gericht und vor seinem Gewissen verantworten.«

Die liberale Presse, die sich vor dem Prozeß stark für Günter Weigand engagiert hatte, war inzwischen von ihm abgerückt. Auch »Spiegel«-Reporter Gerhard Mauz war mit dem Strafmaß einverstanden, wenngleich er die Selbstgerechtigkeit der Justiz kritisierte: »Die 2. Große Strafkammer beim Landgericht Münster hätte noch über die zwei Jahre Gefängnis hinausgehen können, auf die sie gegen Weigand erkannt hat. Doch dies (und sei es drum: noch mehr) hätte man respektieren müssen, wäre im Urteil nicht nur von Weigands Schuld die Rede gewesen – wäre auch erwähnt und gewürdigt worden, was die Gerechtigkeit, die irdische jedenfalls, Weigand schuldet.

Man hoffte auf ein Urteil, das über den Schatten der Justiz springt. Es sollte wirklich wieder 'Friede in Münster' werden. Man wünschte dem Haß und dem Argwohn, den Grabenfronten ein Ende.

Doch die 2. Große Strafkammer brach über Weigand als einen 'nutzlosen Unruhestifter' den Stab. Sie sah den Balken in Weigands, doch nicht den Splitter im eigenen Auge. Aus jeder Silbe der mündlichen Urteilsbegründung in Münster schlug der lichte Zorn darüber, daß es Leute gibt, die in dieser Sache auf der Erörterung auch des Splitters bestehen.«

Die zwei Gesichter des Günter Weigand wurden vor und nach der Urteilsverkündung sichtbar. In seinem »Schlußwort« (vor dem Urteil) hatte er sich bei denen entschuldigt, die er in »grobianistischer Weise« verletzt habe. Er wolle nach besten Kräften wiedergutmachen, sagte Weigand. »Mir liegt daran, daß die verletzte Gerechtigkeit wiederhergestellt werde und daß wieder Friede in Münster werden kann.«

Nach dem Urteil gab er einer Kölner Zeitung ein Interview.

Frage: »Der Nachweis, daß Blomert ermordet wurde, ist Ihnen nicht gelungen. Beharren Sie weiter auf Ihren ursprünglichen Beschuldigungen?«

Weigand: »Selbstverständlich. Sämtliche Anzeichen deuten auf die Ermordung Blomerts hin, wenn auch der hundertprozentige Beweis bis jetzt noch nicht gelang. Meiner Ansicht nach sind die Beweismöglichkeiten in diesem Prozeß noch lange nicht ausgeschöpft worden ...«

Frage: Sie wollen die Aufklärung über Blomerts Tod weiter verfolgen?«

Weigand: »Ja. Und wenn der Prozeß bis zum Bundesgerichtshof geht.«

Revision

Unmittelbar nach dem Urteil legte Günter Weigand Revision ein. Die Revisionsinstanz war der Bundesgerichtshof. Dieser prüfte jedoch – da es sich um das erstinstanzliche Urteil einer Großen Strafkammer handelte – nicht die Beweisaufnahme, sondern nur, ob die Gesetzesbestimmungen durch das Gericht beachtet worden waren und ob das Verfahren den Erfordernissen der Strafprozeßordnung entsprochen hatte.

Der Bundesgerichtshof bestätigte das Urteil des münsterschen Gerichts.

Günter Weigand hatte bereits elf Monate in U-Haft und psychiatrischen Anstalten verbracht, acht der restlichen 13 Monate Gefängnisstrafe wurden ihm auf Bewährung erlassen. Aufgrund eines Gnadengesuchs von mehr als 300 Unterzeichnern, darunter der Kölner Kardinal Frings und die Theologin Dorothee Sölle, wurden ihm auch die Verfahrenskosten, soweit sie 50.000 DM überschritten, erlassen.

Weigand weigerte sich allerdings, auch diese Summe zu zahlen: »Von mir hat der Justizfiskus für das mir angefügte Unrecht keinen einzigen Pfennig Kosten oder Geldstrafe erhalten.«

Die restlichen fünf Monate Gefängnisstrafe verbrachte Weigand in Siegburg. Sie waren, wie er später schrieb, »menschlich erträglich, teilweise beglückend«. Denn hier lernte er seine spätere Frau, eine Schulleiterin, kennen, die in ihrer Freizeit Gespräche mit Gefangenen führte.

Teil IV
Nachworte

1. Vom Bundesverfassungsgericht

Im Sommer 1967 verklagte Günter Weigand den Berliner Professor Selbach wegen dessen »Schlechtachten« im Weigand-Prozeß auf Zahlung einer Entschädigung in Höhe von 10.000 DM für schwerste Verletzung von Personenrechten.

Das Schuldhafte des Selbach-Handelns, argumentierte Weigand, liege insbesondere darin, daß dieser bei der Anfertigung seines Gutachtens versäumt habe,

>»a) die Methoden mit den geringsten Fehlerquellen für seine Untersuchungen zu benutzen;
>b) in seinem Gutachten auf in der Psychiatrie bekannte Meinungen hinzuweisen, die im Gegensatz zu seiner Meinung stehen, und
>c) seine eigenen Untersuchungen folgerichtig auszuwerten, da diese unter keinem Betracht zu dem Ergebnis einer Zurechnungsunfähigkeit des Klägers kommen konnten.«

Am 7. März 1968 beauftragte das Landgericht Berlin den Berliner Psychiater Wladimir Lindenberg mit der Erstellung eines Gutachtens. Dieser lehnte jedoch ab und empfahl, einen nicht in Berlin wohnenden Kollegen mit dieser Aufgabe zu betrauen.

Schließlich erklärte sich der Hamburger Psychiatrie-Professor Hans Bürger-Prinz bereit, Selbachs Tätigkeit zu beurteilen. Vorher allerdings, so Bürger-Prinz, müsse er Weigand »für einige Tage sprechen«.

Dies wiederum wollte Weigand nicht. Seine Erfahrungen seit 1962 mit rund 40 Psychiatern seien so vollständig, daß er an weiteren nicht interessiert sei.

Nun gab auch Bürger-Prinz die Akten unerledigt zurück, und das Landgericht wies am 21. Mai 1970 Weigands Klage als »unbegründet« zurück mit dem Argument, Weigand sei durch Verweigerung der weiteren psychiatrischen Untersuchung »beweisfällig« geblieben.

Die Berufung gegen das Urteil wurde vom Berliner Kammergericht am 11. Juni 1971 abgelehnt, die Revision zum Bundesgerichtshof aber zugelassen, weil bisher noch nicht in vollem Umfang höchstrichterlich rechtsgrundsätzlich geklärt sei, wie weit ein gerichtlicher Sachverständiger für die Folgen eines schuldhaft unrichtig erstatteten Gutachtens zu haften habe.

Am 20. November 1973 kam es zur Hauptverhandlung vor dem Bundesgerichtshof. Auch der BGH nahm Selbachs Handlungsweise als rechtlich nicht zu beanstanden – »als allenfalls fahrlässig« – in Schutz. In einer Presseerklärung vertrat der BGH die Ansicht, »aus Gründen der Rechtssicherheit« und »der inneren Unabhängigkeit des Sachverständigen« müsse ein Schadenersatzanspruch abgelehnt werden, denn es sei mit der Richtergehilfenstellung eines gerichtlichen Sachverständigen nicht vereinbar, »ihm das Risiko aufzuerlegen, später mit einem oft langwierigen, zuweilen gar Aufsehen erweckenden Regreßprozeß überzogen zu werden«.

Und wieder einmal legte sich Weigand (diesmal allerdings folgenlos) mit der Justiz an. In einem Schreiben an den zuständigen Senat des BGH warf er den Richtern vor, »das Recht willentlich und wissentlich zugunsten Selbachs gebeugt« zu haben. Außerdem ließ er 1000 Handzettel drucken und verteilte sie an Journalisten und Juristen. Die Schlagzeile der Handzettel lautete:

»Bundesrichter handelten verbrecherisch!
Aber *danach* kräht kein Staatsanwalt.«

»Ohne große Hoffnung«, wie er selbst meinte, legte er zusätzlich gegen das Urteil Verfassungsbeschwerde ein.

Fast fünf Jahre später, am 11. Oktober 1978, kam das Bundesverfassungsgericht zu einer Entscheidung. Und es entschied sich – zugunsten Weigands:

»Das Urteil des Bundesgerichtshofes vom 18. Dezember 1973 ... verletzt den Beschwerdeführer in seinem Grundrecht aus Artikel 2 des Grundgesetzes. Es wird aufgehoben. Die Sache wird an den Bundesgerichtshof zurückverwiesen. Die Bundesrepublik Deutschland hat dem Beschwerdeführer seine notwendigen Auslagen zu erstatten.«

Das BGH-Urteil, so das Verfassungsgericht, habe außer acht gelassen, daß Weigands Schadenersatzanspruch nicht eine beliebige Geldforderung betraf, sondern eine Entschädigung »für die Verletzung des in der Verfassung besonders geschützten Rechtsgutes der persönlichen Freiheit ist«. Dieser Anpruch sei »grundsätzlich ein angemessenes Mittel der Wiedergutmachung für schuldhaft rechtswidrige Freiheitsentziehung« und könne »darüber hinaus einen präventiven Schutz bewirken«. Und: »Der BGH überschreitet die Grenzen zulässiger Rechtsfortbildung jedenfalls dann, wenn er einen

Schadenersatzanspruch der vorliegenden Art auch im Fall grober Fahrlässigkeit des Sachverständigen versagt.«

Möglicherweise hatte Professor Selbach selber unbeabsichtigt zu dieser Entscheidung beigetragen, als er, vom Bundesverfassungsgericht um eine Stellungnahme gebeten, antwortete:

>»Ich bin im wohlverstandenen Interesse der Behörden und des bedauernswerten Kranken Dr. phil G. Weigand zu einer Stellungnahme nicht bereit und begründe dies wie folgt:
>Ich stellte in dem bisher zu dieser Störung umfangreichsten und psychologisch modernst unterlegten Gutachten die Diagnose: 'Exzessive Querulanz von Krankheitswert' (Angeklagter nicht straffähig).
>Diese meine auch heute noch gültige Ansicht widersprach verständlicherweise dem pathologischen Geltungsstreben und Öffentlichkeitsbedürfnis des Angeklagten. Unter dem Vorwurf der Falschbegutachtung erfolgte dann seit über einem Jahrzehnt in Presse, Rundfunk und Fernsehen eine permanente Hetze gegen meine Person.
>Schließlich wurde ich auf Veranlassung des W. über Private, Behörden und auch durch bolschewistisch infiltrierte Institutionen bedroht. Dies bestätigt die lehrbuchmäßige Richtigkeit meiner Diagnose. (...) Eine ausführliche Stellungnahme ist unzumutbar und widerspräche als Kunstfehler der fachpsychiatrischen Erfahrung, da der Kranke in seiner besonderen Erlebnisweise und eingeschränkten Einsichtsfähigkeit nur zu neuen Mißdeutungen angeregt würde.
>Eine Klagebeantragung gegen den W. ist mir versagt, da ich gegen Kranke, die ich als prozeßunfähig erachte, nicht vorgehen kann.
>Mit angelegentlicher Empfehlung!
>(gez.) H. Selbach«.

Gerhard Mauz, dem Fall Weigand seit mehr als einem Jahrzehnt verbunden, kommentierte im »Spiegel«: »Sachverständige jeder Couleur, vor allem aber die Damen und Herren von 'Seele sel. Witwe & Co.', die Psycho-Handelsgehilfen, sollten sich ein Bild des im Streite so schwer angeschlagenen Bruders Selbach als Menetekel in der Praxis aufhängen. Die Unabhängigkeit des Gutachters besteht nicht mehr darin, daß sie um jeden Preis geschützt ist. Die haftende Verantwortung für das, was man von sich gibt, ist am Horizont in Sicht gekommen.«

Nach der Entscheidung des Bundesverfassungsgerichtes wäre das Urteil auf dem Instanzenweg (und jahrelang) wieder nach unten gegangen. Diesem langwierigen und teuren Prozeß kam die Rechtsschutzversicherung von Professor Selbach durch eine außergerichtliche Einigung mit Günter Weigand zuvor. Die erhaltene Summe verwendete Weigand als Grundstock für eine »Stiftung für Opfer psychiatrischer Falschbegutachtung«.

2. Von Günter Weigand

Zum Fall Blomert und seinen ihn selbst betreffenden, juristischen und psychiatrischen Folgen hat sich Günter Weigand mehrfach publizistisch geäußert. So in dem Band »'Rechts-Staat' – links der Elbe«, 1977 vom Genfer Marva-Verlag veröffentlicht, für den Weigand den Aufsatz »'Münster' – ein irrsinniges Kapitel« schrieb.

Am ausführlichsten hat er seine Erfahrungen in dem Buch »Der Rechtsstaat wird uns nicht geschenkt! – Lehren aus der Münsterschen Mordaffäre um den Gewalttod des Rechtsanwalts Blomert vom 25. August 1961 – gezogen von Günter Weigand« verarbeitet. Das Buch erschien 1979 im Selbstverlag. Daß seine Versuche, das Manuskript in einem renommierten Verlag unterzubringen, scheiterten, hält Weigand für ein »Symptom unserer Gesellschaftsverfassung«: »Die Furcht vor einem geschäftlichen Mißerfolg, vor juristischen Scherereien wie Durchsuchungen, Beschlagnahmen, Boykott usw. war zu groß.«

Zunächst klingt in den »Einstimmenden Vorüberlegungen« so etwas wie Selbstkritik an: »Irren ist menschlich, den Irrtum nach Einsicht zugeben erst recht; im schließlich erkannten Fehler verharren und verbocken auch noch? Nein, das ist gemein und niedrig!

Niemals macht einer wohl mehr Fehler, als wenn er – zunehmend isoliert – schließlich praktisch allein ein hohes Gut erstrebt, seine Ohnmacht gegenüber staatlicher Verfolgung erfährt und mit Aufgeben, Sichfallenlassen und Verzweifeln kämpft, ohne Aussicht auf ein Erreichen des Ursprungsziels in überschaubarer Frist! Was aber dann?«

Doch Weigand wäre nicht Weigand (und das Buch wohl nie geschrieben worden), wenn er sich selbst, nach einem Abstand von 17 Jahren, im Unrecht sehen würde. Für ihn ist nach wie vor unklar, »wer wann wie oft auf wen genau geschossen hat«, an jenem 25. August 1961. Auf seine Fehler, die er sich im Vorwort eingesteht, geht er im folgenden nicht ein. Und auch den zwölfmonatigen Mammutprozeß erwähnt er nur am Rande. Daß dieser nicht so rühmlich verlief, wie er es sich gewünscht hatte – man kann es aus der Unterlassung schließen. Er habe, schreibt Weigand, »die Prozeßchancen überschätzt, die die Strafprozeßordnung einem Angeklagten einräumt, sachdienliche Beweisangebote auch gegen die anderen Prozeßbeteiligten durchzusetzen«. (Konkret handelte es sich um die zugegipsten Einschußlöcher im Blomertschen Schlafzimmer, die die Verteidigung untersuchen lassen wollte, wogegen sich Ulla Blomert erfolgreich – mit Entscheidung des Oberlandesgerichtes Hamm – wehrte.) Von den Schußexperten, insbesondere vom Schweizer Frei-Sulzer (den Frank Arnau empfohlen hatte), war Weigand »enttäuscht«. Und der Schriftexperte Bruno Klaassen (der die Abschiedsbriefe zunächst für gefälscht hielt) sei nur deswegen umgeschwenkt, weil »ein weiteres Beharren auf seiner Überzeugung angesichts der Mehrheitsverhältnisse und des Notleidendwerdens seiner verwaisten Hildesheimer Praxis für ihn sinnlos« geworden sei.

Daß zwei der Prozeßbeteiligten eines gewaltsamen Todes starben (Gustav Krabbe 1966 nach einem Autounfall, der Vorsitzende der 2. Strafkammer des Landgerichts Münster, Landgerichtsrat Möllers, im Mai 1968 durch Selbstmord), hält Weigand gar für das Wirken einer überirdischen Gerechtigkeit: »Man braucht nicht gleich an Gottesurteile und eine ausgleichende Gerechtigkeit über den Wolken zu denken oder zu glauben, und doch wird man von dieser Spätentwicklung wohl merkwürdig berührt werden ...«

Einen größeren Raum im Buch widmet Günter Weigand seiner Rolle als Opfer der Psychiatrie. Im Anhang gibt er unter der Überschrift »Was tun bei widerrechtlicher Zwangsunterbringung?« zehn praktische Tips, wie man sich in einer solchen Situation verhalten soll. Ratschlag Nummer 3 lautet: »Darauf verzichten, Ärzte von eigner Gesundheit überzeugen zu wollen!« Denn: »In der Regel sind die Irrenhausstationsärzte abgebrüht und betriebsblind.« Unter Punkt 7 (»Trainieren Sie eine überlegene, phantasiereiche Schlagfertigkeit!«) empfiehlt er: »Seien Sie erfinderisch, Ihren Peinigern neue Namen und Juxnamen zuzulegen, so wie früher den Paukern auf der Schule, und scheuen Sie sich auch nicht, ihre Übergriffe energisch zurückzuweisen, auch schon mal eine scheinheilig dargebotene Hand, die in der Luft vertrocknen könnte, ehe ich sie von einem Scheusal annähme!« Und: »8. Lassen Sie sich nicht durch Überfüttern korpulent machen! Denn Dicke können nicht mehr kämpfen, werden mit Notwendigkeit lahm und müde und immer gefräßiger.«

Den Titel »Querulant«, den ihm einige Psychiater und Juristen verliehen haben, wendet Weigand schließlich positiv: »Ärgere den Mitmenschen nur lange sadistisch genug, besonders wenn Du ein Amt bekleidest: dann wird er sich Dir, sofern er ein Deutscher und kein Ausbund an Lethargie und Masochismus ist, schon noch als Querulant erweisen! Nur ein getretener Wurm, der sich nicht krümmt, sondern den Stiefel, der ihn in seinem Leben bedroht, ruhig-dankbar anblickt, ist – kein 'Querulant'! –«

Noch im Juni 1984, in einem Interview mit dem münsterschen »Stadtblatt«, war Günter Weigand der Auffassung, daß der Todesfall Blomert keinesfalls geklärt sei: »Es war mit Sicherheit kein 'sonnenklarer Fall von Freitod', wie die Sprachregelung durch den Nazi-Oberstaatsanwalt Duhme gelautet hat.« Ein Selbstmord sei unwahrscheinlich, wenngleich »eine schwache Möglichkeit besteht«: »Aber dazu gibt es kein Motiv, und die Umstände, die ich kenne, passen nicht in die Selbstmordtheorie.«

Zu diesem Zeitpunkt beschäftigte sich der in Troisdorf lebende Weigand längst mit anderen Fällen. So setzte er sich für den Arbeiter Otto Fischer ein, der seiner Meinung nach zu Unrecht wegen Mordes verurteilt worden war.

Der Sozialanwalt schrieb und verteilte wieder Flugblätter (»An alle wachen und mündigen Demokraten in der Bundesrepublik Deutschland«): »Seit 24. Juli 1978 ist der 44j. Bauwerker Otto Fischer aus Troisdorf ohne Rechtsgrund gefangen und zum Raubmörder entehrt, lebenslänglich, unschuldig, in der JVA Rheinbach hinter Bonn. Bald sechs Jahre dauert dieses Staatsverbrechen schon an. Das ist gemeinsame Schuld etlicher Menschen und 'Politiker' in Bund und Land, zuletzt von uns allen, sofern wir vor dieser menschlichen Tragödie gleichgültig abseits stehen.«

Weigand sagte, der Richter Fischers habe ihm gegenüber zugegeben, »das Fischer-Urteil ist spitz, fifty-fifty«.

Richter Schmitz-Justen bestritt diese Äußerung und verklagte Weigand, der ihm Rechtsbeugung vorwarf, wegen Beleidigung.

3. Vom Autor

»Und was meint der Autor?« werden vielleicht einige Leser fragen, die an dieser Stelle die von höchster Sachautorität durchdrungene, alle offenen Fragen klärende Auflösung erwarten.

Nun, da muß ich zunächst einmal alle enttäuschen. Ich verfüge über kein Insiderwissen, das über das hier Ausgebreitete hinausgeht. Somit ist die Qualität meiner Meinung nicht besser oder schlechter als die jeder oder jedes anderen, die oder der das Buch bis zu dieser Stelle gelesen hat.

Trotzdem verstehe ich natürlich das Bedürfnis, die eigenen Schlußfolgerungen mit denen des Autors zu vergleichen.

Also denn: Tatsache ist, daß es beim Todesfall Blomert einige Ungereimtheiten und Widersprüche gab. Blomert kann nicht gleichzeitig in seiner Wohnung und im Gericht gewesen sein, er kann auch nicht gleichzeitig guter Laune und hochgradig depressiv gewesen sein. Doch nicht hinter jedem Widerspruch muß zwangsläufig eine Intrige oder eine Lüge stecken. Manches erklärt sich aus der banalen Erkenntnis, daß

Menschen sich irren können. Vor allem, was die zeitliche Abläufe angeht, mögen sich mit zunehmendem Abstand vom Geschehen falsche Erinnerungen eingeschlichen haben.

In anderen Fragen, in denen vor dem Landgericht Münster unvereinbare Behauptungen aufeinanderprallten, haben einige Beteiligte tatsächlich gelogen. Den Gesetzen der Logik folgend, sind während des Weigand-Prozesses etliche Meineide geschworen worden.

Trotzdem gab und gibt es keinen Beweis, ja, nicht einmal einen Hinweis darauf, daß Paul Blomert nicht von eigener Hand gestorben ist. Ob er sich tatsächlich umbringen wollte oder nicht – das ist letztlich unerheblich. Ich persönlich neige zu der Meinung, die auch der Kriminalobermeister Drüggen seinerzeit berufsinstinktiv geäußert hat, daß es sich nämlich um einen »verunglückten Selbstmord« handelte.

Wenn man überhaupt im Zusammenhang mit den Ereignissen vom 25. August 1961 von einem Schuldigen sprechen will, so ist in erster Linie Oberstaatsanwalt Duhme zu nennen. Er hat die polizeilichen Ermittlungen selbstherrlich unterbunden, er hat verhindert, daß die, auch bei offensichtlichen Fällen von Selbstmord, üblichsten Routine-Untersuchungen durchgeführt wurden. Wesentlich mehr Energie verwandte er darauf, das verständliche Aufbegehren der Blomert-Verwandten zu durchkreuzen.

Glaubt man Oberstadtdirektor Austermann, so hat Duhme nicht auf Anweisung »von oben« gehandelt. Was ihn tatsächlich zu seinem Handeln veranlaßt hat, blieb auch im späteren Weigand-Prozeß ungeklärt. Die Größe jedenfalls, Selbstkritik zu üben, besaß er selbst dann noch nicht, und als es für ihn eng wurde, als ihm die Fragen der Verteidigung zusetzten, flüchtete er sich in eine Krankmeldung, die ihn von weiteren Aussagen befreite.

So gab es bereits vor Weigands Auftreten Spekulationen und Gerüchte über den Tod von Paul Blomert, es gab Beschwerdebriefe der Verwandten und rechtsanwaltliche Eingaben. Die Affäre köchelte, aber sie wäre wohl nicht hochgekocht, wenn nicht Günter Weigand auf den Plan getreten wäre.

Selbstgerecht blieb er bei seiner Position, selbst dann noch, als sich die Mordverdächtigungen längst als bloßes Gemunkel erwiesen hatten. Immerhin ist er dafür bestraft worden, im Gegensatz zu einigen anderen, die sich in dieser Affäre fahrlässig, wenn nicht sträflich fahrlässig, verhalten haben.

Einzig dem Bundesverfassungsgericht blieb es vorbehalten, ein wenig Gerechtigkeit zu üben, als es, zwölf Jahre später, das fahrlässig falsche Gefälligkeitsgutachten von Professor Selbach als das erkannte, was es war.

Quellen

Der (Doppel-)Fall Blomert/Weigand und insbesondere der Prozeß gegen Günter Weigand haben ein gewaltiges Medienecho hervorgerufen. Zeitungen, Zeitschriften, Illustrierte, Rundfunk und Fernsehen berichteten darüber. (Nach einer Umfrage des Instituts für Demoskopie in Allensbach kannten im Jahr 1966 12 Prozent der erwachsenen, westdeutschen Bevölkerung den Namen Weigand.) Aus der Fülle der Veröffentlichungen ragen die Artikel von Gerhard Mauz im »Spiegel« heraus. So zum Beispiel seine Titelgeschichte im
Spiegel Nr 5/1965: Justiz-Affäre Weigand,
die die juristischen und psychiatrischen Aspekte des Falles sehr eingehend beleuchtet.

Die »Westfälischen Nachrichten« haben die Gerichtsverhandlung mit täglichen und ausführlichen Prozeßberichten begleitet. In den ersten Monaten wechselten sich dabei die Redakteure Helmut Müller und Hans J. Röver ab. Später, als das Interesse am Prozeß nachließ, griffen die WN auf dpa-Berichte zurück.

Das münstersche »Stadtblatt« hat im Sommer 1984 eine dreiteilige Serie über »Die Weigand-Affäre« veröffentlicht.

Dr. Busso Peus' Karriere als Oberbürgermeister beschreibt
Karl Teppe: Politisches System, gesellschaftliche Strukturen und kulturelles Leben seit dem Zweiten Weltkrieg, in: Geschichte der Stadt Münster, Band 3, herausgegeben von Franz-Josef Jakobi, Münster 1993

Kriminalistisch interessant, wenngleich von dem manchmal etwas angestrengten Versuch geprägt, die gerichtlichen Sachverständigen zu widerlegen, ist
Frank Arnau: Der Fall Blomert. Eine kriminalwissenschaftliche Dokumentation, herausgegeben von der Humanistischen Union, München 1965

Abgesehen von zahlreichen Interviews hat Günter Weigand auch schriftlich zu »seinem« Fall Stellung genommen, in der ihm eigenen, mit (Vor-)Urteilen nicht geizenden Weise. So in
Günter Weigand: »Münster« – ein irrsinniges Kapitel, in: »RechtsStaat« – links der Elbe, Genf 1977
und noch ausführlicher in dem im Selbstverlag veröffentlichen Buch
Der Rechtsstaat wird uns nicht geschenkt! Lehren aus der Münsterschen Mordaffäre um den Gewalttod des Rechtsanwalts Blomert vom 25. August 1961 – gezogen von Günter Weigand, Troisdorf 1979

Abbildungen

Ursula Blomert, SPIEGEL 47/1964, S. 71, Foto: Hänscheid

Paul Blomert, SPIEGEL 47/1964, S. 71, Foto: Hänscheid

Tatort Schlafzimmer, Frank Arnau, Der Fall Blomert, S. 62

Abtransport der Leiche Blomert, SPIEGEL 47/1964, S. 74, Foto: Hänscheid

Ausschnitt aus dem Flugblatt Nr. 7, SPIEGEL 47/1964, S. 68

Untersuchungshäftling Weigand in der Heilanstalt Eickelborn, SPIEGEL 5/1965, S. 32

Günter Weigand betritt den Gerichtssaal, SPIEGEL 20/1965, S. 63, Foto: dpa

Jürgen Kehrer

MORD

IN Kriminalfälle aus fünf Jahrhunderten

MÜNSTER

1995, 142 Seiten, br.,
DM 19,80
ISBN 3-89325-375-0

Münster/New York
München/Berlin

Krimis von Jürgen Kehrer

Bären und Bullen
Der siebte Wilsberg-Krimi
ISBN 3-89425-065-8 DM 14,80
Wilsberg soll eine Entführung aufklären. Den Hintergrund hat ihm sein
alter Kumpel Willi verschwiegen.

Spinozas Rache
ISBN 3-89425-058-5 DM 14,80
Tatort Amsterdamer Bibliothek: Eine alte Handschrift verschwindet,
und ein Konservator stirbt im Rotlichtmilieu.

Schuß und Gegenschuß
Der sechste Wilsberg-Krimi
ISBN 3-89425-051-8 DM 14,80
Wilsberg soll in einem Reality-TV-Film sich selbst spielen. Kurz nach
Drehbeginn kommt es zu schweren Unfällen.

Wilsberg und die Wiedertäufer
Der fünfte Wilsberg-Krimi
ISBN 3-89425-047-X DM 14,80
Das »Kommando Jan van Leiden« fordert vom Bischof eine halbe
Million. Und Wilsberg soll Geldbote spielen.

Kein Fall für Wilsberg
Der vierte Wilsberg-Krimi
ISBN 3-89425-039-9 DM 14,80
Dubiose Waffengeschäfte, eine Familie, in der jeder jeden haßt, und ein
Firmenchef mit Doppelleben.

Killer nach Leipzig
ISBN 3-89425-033-X DM 14,80
»... und Leipzig war für kurze Zeit nicht Klein-Paris, sondern ein klei-
nes Los Angeles.« (Sächsische Zeitung)

Gottesgemüse
Der dritte Wilsberg-Krimi
ISBN 3-89425-026-7 DM 14,80
Ein Professor verschwindet, und Georg Wilsberg muß sich auf den
Psychoterror einer fanatischen Sekte einlassen.

In alter Freundschaft
Der zweite Wilsberg-Krimi
ISBN 3-89425-020-8 DM 14,80
Eine ausgerissene minderjährige Punkie, eine verschwundene Ex-
Freundin und ein bestohlener Disco-Chef: Bei keinem der drei Aufträge
kann Wilsberg brillieren.

Und die Toten läßt man ruhen
Der erste Wilsberg-Krimi
ISBN 3-89425-006-2 DM 14,80
»...eine Story vom Feinsten ... garantiert unmoralisch und zynisch,
antibürgerlich und unsozial, aber nicht dumpf-gewalttätig, dafür jedoch
dramaturgisch perfekt bis aufs I-Tüpfelchen.« (Leo's Magazin)

■ Sabine Alfing

Hexenjagd und Zaubereiprozesse in Münster

Vom Umgang mit Sündenböcken
in den Krisenzeiten des
16. und 17. Jahrhunderts

1994, 223 Seiten, br., 29,80 DM
ISBN 3-89325-287-8

Am Beispiel der Hexenverfolgung in Münster in
der frühen Neuzeit geht die vorliegende Studie
der Frage nach, wie eine zivilisierte Gesellschaft
in Krisenzeiten ihre – vorwiegend weiblichen –
Außenseiter behandelt. Etablierte Gesellschaften
scheinen demnach als Sündenböcke für erlittenes
Unheil Menschen auszuwählen, die sozial isoliert
sind, sich wirtschaftlich am Rande des Existenz-
minimums befinden und die keine formale Bil-
dung haben.
Wurden solche außerhalb der Norm stehenden
Personen der Zauberei bezichtigt, so hatten sie
in den Prozeßverfahren so gut wie keine Chance,
ihre Unschuld zu beweisen und der grausamen
Bestrafung zu entgehen.
Die ausgewählten historischen Beispiele stellen
somit eine eindringliche Warnung davor dar,
den Unsicherheiten des gesellschaftlichen Um-
bruchs mit der Verhetzung und Vernichtung
unbequemer Zeitgenossinnen und Zeitgenossen
zu begegnen.

Münster
New York

"DIE Boofken machen wir reineweg nerbelo!"

Masematte, eine Sondersprache in Münster

Masematte, entstanden zu Beginn des 19. Jahrhunderts, war die Sprache der Arbeiter und fliegenden Händler, aber auch der Gauner und Vagabunden in Münster.

Münster
New York